구약을 읽다
18주 바이블 워크북

죠이선교회는 예수님을 첫째로(Jesus First)
이웃을 둘째로(Others Second)
나 자신을 마지막으로(You Third) 둘 때
참 기쁨(JOY)이 있다는 죠이 정신(JOY Spirit)을 토대로
하나님 나라의 확장을 위해 지역 교회와 협력, 보완하는 선교 단체로서
지상 명령을 성취한다는 사명으로 일합니다.

죠이선교회 출판부는 그리스도를 대신한 사신으로
문서를 통한 지상 명령 성취와 하나님 나라 확장을 위해 노력합니다.

구약을 읽다

CASKET EMPTY

18주
바이블
워크북

캐롤 카민스키 · 존 모서 지음

이대은 옮김

죠이북스

차 례

서문

서른아홉 권으로 이루어진 구약 성경은 여러 저자가 수천 년에 걸쳐 기록한 책이다. 그러나 구약은 창세기에서 말라기서까지 단 하나의 구속 이야기만 전한다. 이 바이블 워크북에서 우리는 구약의 주요 인물들에 관해 배울 것이다. 몇 명만 예를 들자면 아브라함, 이삭, 야곱과 더불어 사울, 다윗, 솔로몬과 같은 왕들도 있다. 또 출애굽, 율법 수여, 성전 건축, 바벨론 유수, 예루살렘 귀환과 같은 핵심 사건들에 관해서도 배울 것이다. 엄청나게 많은 인물과 사건이 등장하는 데다 2,000년도 넘는 역사 전체를 어떻게 꿰뚫을 수 있을까? 구약이 혼란스럽다거나 두렵다고 생각되는가? 당신만 그런 것이 아니다! 구약은 이해하기 어려울 수 있지만, 꼭 그런 것만은 아니다.

우리는 이 워크북을 통해 성경에는 단 하나의 이야기가 있으며, 그 이야기가 개별 이야기들과 성경 전체를 꿰뚫는다는 사실을 알게 될 것이다. 그 이야기를 이해한다면, 개별 구절과 성경 각 권을 거대한 구속 서사의 일부로 훨씬 잘 이해할 것이다. 그런데 보통 기독교 공동체에서는 구약의 개별 구절과 약속을 전체 이야기의 맥락에서 해석하지 않은 채 건져 올리는 경우가 많다. 구약에서 잘 알려진 성경 말씀으로 "여호와의 말씀이니라 너희를 향한 나의 생각을 내가 아나니 평안이요 재앙이 아니니라 너희에게 미래와 희망을 주는 것이니라"(렘 29:11)라는 구절이 있다. 이 약속의 말씀은 집 벽면을 장식하고 흔히 쓰는 컵에도 새겨져 있다. 그렇게 하는 것은 결코 잘못된 일이 아니다. 이 구절은 하나님이 우리의 궁극적인 선을 위한 계획을 품고 계시다는 뜻이기 때문이다. 하지만 구약에는 우리에게 잘 알려진 몇몇 구절을 넘어서는 그 **이상**이 있다. 또 다른 유명한 말씀으로 야베스의 기도가 있다. 하지만 사람들은 대부분 이 구절이 역대상에 나온다는 사실을, 또는 역대상에서 그 기도가 왜 그토록 중요한지를 알지 못한다. 이제 18주 동안 이 구약 연구를 시작한다면 풍성한 하나님의 말씀이 우리 삶을 어떻게 빚어내는지, 또 우리 삶에 어떠한 영향을 끼치는지 깨달을 것이다.

이 이야기의 주연은 하나님이기 때문에 우리는 구약 연구를 통해 하나님의 변함없는 사랑과 신실함, 은혜와 자비, 거룩함 등을 배울 것이다. 우리는 이스라엘 이야기를 통해 다양한 시기 가운데 하나님이 그들과 맺으신 관계를 추적하면서, 하나님이 신뢰할 수 있는 분이라는 사실을 스스로 발견할 것이다. 또 하나님의 백성이 제멋대로 구는 모습을 보면서 우리는 그들이 반역을 저지르는데도 하나님이 그들을 찾으시는 이유를 생각하게 될 것이다. 그리고 무엇보다 이 이야기를 통해 하나님이 신실하시고 변함없이 사랑을 베푸신다는 사실을 발견할 것이다. 우리가 당할 죄의 형벌을 대신 감당하도록 하나님이 사랑하는 아들을 보내실 때는 그분의 차고도 넘치는 은혜가 드러난다. 구약 성경을 지나는 이 여행을 하다 보면 예수께서 성경 이야기의 중심에 계시며, 하나님과 우리의 관계도 예수를 통해 회복된다는 사실을 깨닫게 된다. 이 바이블 워크북의 목표는 구약의 전체 줄거리를 배우고 하나님의 구속 계획이 예수 안에서 놀랍게 성취되었음을 이해하는 것뿐 아니라, 당신이 개인적으로 살아 계신 하나님을 새롭게 만나 **당신을 향한** 그분의 신실한 사랑에 감동되는 것이다.

빈 무덤(CASKET EMPTY®)을 통한 성경 이야기

빈 무덤(CASKET EMPTY®) 커리큘럼은 성경의 구속 이야기를 이해하고 기억하기 쉽게 배울 수 있도록 고안되었다. 연구 첫 주에는 'CASKET EMPTY'라는 두문자어를 소개하는데, 이 단어를 통해 성경을 연대기적으로, 신학적으로 종합할 수 있다. 'CASKET EMPTY'에서 밝혀 낼 구속 이야기는 구약(CASKET)의 핵심적인 여섯 시기와 신약(EMPTY)의 핵심적인 다섯 시기에 집중한다. 당신은 이 커리큘럼을 통해 성경에는 일관성과 통일성이 있다는 사실을 깨달을 것이다. 성경의 유일한 저자이신 하나님이 직접 인간 저자에게 영감을 주시고 자신의 영으로 능력을 주셔서 피조 세계를 구원하시는 계획에 관해 그들로 하여금 기록하게 하셨기 때문이다. 이것이 세상의 진정한 이야기이며, 우리 삶에 의미와 목적을 부여하는 단 하나의 이야기다. 성경은 하나님의 살아 있는 말씀으로, 우리가 겸손히 그분의 얼굴을 구하며 목소리를 듣고자 할 때 우리에게 직접 말씀하신다.

구약 여행을 위해 필요한 준비물

성경책_ 읽기 쉬운 성경을 사용하라. ESV, NASB, NIV 등은 모두 신뢰할 만한 역본이다(읽기 쉬운 한글 성경으로는 개역개정, 새번역, 현대인의성경 등이 있다_ 편집자). 특정 성경 구절 또는 성경 각 권을 더 깊이 탐구하기 원한다면, 스터디 바이블(Study Bible)도 도움이 된다. (잘 알려진 '유버전'[YouVersion]과 같은) 몇몇 성경 애플리케이션을 온라인에서 사용할 수도 있다. 이러한 애플리케이션이 편리하지만, 종이책으로 된 자기 성경을 소유할 때에만 누릴 수 있는 이점이 있다. 당신에게 와닿거나 당신이 연구할 때 핵심이 되는 구절에 밑줄을 그을 수 있고, 여백에는 글을 쓸 수도 있다! 때로 같은 성경 구절을 NLT 성경이나 「메시지」 성경

등 다양한 역본으로 읽으면 도움이 된다. 다른 역본으로 하나님의 말씀을 새롭게 듣다 보면 "아하!" 하는 순간이 더 많이 생겨난다.

일정_ 이 바이블 워크북을 소그룹 또는 성경 공부 모임에 활용하고자 한다면, 당신이 속한 그룹이 매주 모든 성경 구절을 읽고 질문에 답을 적는 것을 목표로 정할 수 있다. 분량을 나누어 매일(약 20분가량) 몇 개의 질문을 읽고 답하는 식으로 하거나, 일주일에 한 번 시간을 정해서 할 수도 있다. 읽기 일정을 달력에 기록하고 정기적으로 연구하는 방식을 계획해 보면 도움이 될 것이다.

성경 연구 질문_ 매주 구약 성경 네다섯 장과 신약 성경에서 고른 몇 구절을 읽을 것이다. 읽은 내용에 관한 질문이 있는데, 그 구절을 묵상하고 심층적으로 연구할 수 있도록 고안되었다. 질문에 대한 답은 직접 쓰고 그룹과 나눌 수 있도록 준비해야 한다. 때로는 읽은 내용을 기초로 간단한 표를 채우기도 할 텐데, 해당 구절 내용을 체계화할 수 있도록 고안되었다.

답하기 어려운 질문이 있다면 인도자에게 알려서 그룹에 있는 누군가에게 도움을 받으라. 구약의 몇몇 구절은 이해하기 어렵다. 따라서 당신이 다 알아야 한다고 생각하지 않는 것이 좋다. 거리낌 없이 질문할 수 있어야만 하나님의 말씀 연구가 발전하고 당신이 속한 그룹의 구성원들과 신뢰를 쌓을 수 있다.

이뿐 아니라 매주 당신이 연구한 바를 삶에 적용하도록 요청받을 것이다. 정보도 중요하지만 변화가 나타나려면 성령께서 당신에게 개인적으로 하시는 말씀을 더 깊이 묵상해야 한다. 기도하는 마음을 유지하라. 그리고 당신을 바꾸시는 예수의 능력에 마음 문을 온전히 열라.

「구약을 읽다」, 구약 연대표, 지도_ 매주 연구 내용 마지막 부분에서 구약 연대표(한글판은 「구약을 읽다」[죠이북스 역간] 커버, 또는 별책으로 출간된 「성경 연대표」[죠이북스 역간]에 수록되어 있다_ 편집자)를 다시 살펴보도록 요청받을 것이다. 또 구약 지도

(한글판은 PDF 전자책으로 출간된 「구약을 읽다: 강의 자료집」[죠이북스 역간]에 수록되어 있다_편집자)에 나오는 관련 지도도 함께 살펴야 할 것이다. 이 단계를 건너뛰지 말라. 연대표를 매주 되새겨 보는 것만으로도 당신이 성경 이야기의 어느 지점에 있는지를 시각적으로 잘 인식할 수 있을 것이다. 당신은 성경이 신학적으로 어떻게 들어맞는지를 이해하는 데 도움을 줄 일반적인 주제와 양식을 알아차리기 시작할 것이다. 연대표에 나오는 그림들은 신학적인 의의가 있는 주요 사건을 대표한다. 그리고 연대표 뒷면에 있는 "구약 신학을 이해하기 위한 핵심 주제" 부분에서는 각 그림을 설명한다. 관련 지도를 살펴보면 핵심 사건과 이야기들이 발생한 지리적 위치를 파악하는 데 도움이 된다. 18주 과정 동안 당신은 하나님의 사람들이 지리적으로 어떻게 이동했는지(예를 들면, 그들이 애굽 또는 바벨론에 있었을 때)를 더 깊이 이해할 수 있고, 주변 나라나 제국들과의 관계 역시 파악할 수 있다. 매주 읽을거리들은 「구약을 읽다」에 있는 내용들이다. 이 추가적인 읽기 자료는 필수는 아니지만 구약을 더 깊이 이해하기 원하는 사람에게 추천한다. 「구약을 읽다」의 각 장은 두음 문자 'CASKET'에 맞게 편성되어 있다. 즉 당신에게 친숙하지 않은 특정 시기가 있을 경우, 해당 장을 읽으면 그 간격을 메꾸고 하나님 말씀을 더 풍성하게 연구할 수 있을 것이다.

여행 동료_ 이 성경 연구를 홀로 할 수도 있겠지만 다른 사람과 함께한다면 훨씬 풍성할 것이다. 당신은 교회 성경 공부 모임이나 소그룹에 참여할 수 있다. 교회에 성경 공부가 열리지 않는다면 다른 이를 초대할 수도 있다. 소그룹이 대면으로 모일 수 없다면 줌(ZOOM)을 통해 온라인 형식으로 진행할 수도 있다. 이렇게 하는 것은 그리스도인 공동체 내에서 다른 사람들과 함께 여정을 걷는 또 다른 방법이다. 가능하다면 한 사람을 인도자로 정하라. 그래서 인도자가 질문을 인도하고, 각자 발견한 것들을 나누도록 격려하여 각 구절을 어떻게 적용할지 고심하게끔 더 질문하게 하라. 인도자들은 미리 「구약을 읽다」를 읽고, 웹사이트에서 영상을 보고 준비할 수 있다.

자매판 「신약을 읽다: 14주 바이블 워크북」

「구약을 읽다: 18주 바이블 워크북」과 「신약을 읽다: 14주 바이블 워크북」은 두 권으로 된 시리즈로, 구약이 18주, 신약이 14주로 구성되어 있다. 이렇게 보면 개별적이고 독립된 두 개의 워크북으로 여길 수도 있지만, 함께 연구하는 것이 이상적이다. 이런 방식으로 창세기에서 요한계시록에 이르기까지 성경 전체의 구속 이야기를 배울 수 있다. 구약 워크북과 마찬가지로 신약 워크북도 「신약을 읽다」(죠이북스 역간), 신약 연대표, 지도와 함께 사용하도록 고안되었다.

하나님의 말씀을 가르치고 설교하는 일의 우선성

오늘날에는 성경을 모르는 그리스도인이 점점 많아지고 있다. 그 가운데에서 우리는 이 책이 지역 교회에 유용한 자료가 되기를 기도한다. 성경은 우리에게 하나님의 말씀을 설교하고 가르치는 일에 헌신하라고 명한다. 우리의 관심을 끌기 위해 부르짖는 세상의 미디어에는 우리와 경쟁하는 목소리가 매우 많지만, 지금은 잠시 멈춰 서서 무엇이 중요한지를 묵상할 때다. 각 세대마다 교회 생활에서 어떻게 성경을 중심으로 삼을지에 대한 새로운 비전이 필요하다. 우리는 성경 연구를 통해 성경을 더 깊이 파고 들어가 우리 삶을 향한 하나님 나라의 목적을 새롭게 발견하기를 기도한다. 이 사실을 마음에 둔다면, 이 시리즈는 성경 전체를 관통하는 하나님의 구속 계획을 추적하는 교회 전반의 커리큘럼으로 적합하다고 볼 수 있다. 두 성경 연구를 함께 활용하면 (강림절, 부활절, 여름 휴식을 포함하여) 1년간 공부할 수 있는 32주 분량이 된다. 또한 이 과정에 맞추어 설교를 구상한다면 전체 회중이 성경 이야기를 함께 여행할 수 있다. 목회자는 설교할 성경 본문을 선정할 때 이 바이블 워크북에 있는 개요를 따를 수 있다. 「구약을 읽다」와 「신약을 읽다」는 추가 정보를 제공하며, 프레젠테이션 자료는 더 큰 모임에서 사용할 때 유용하다. 온라인에서 접할 수 있는 짧은 영상은 추가적인 배경 지식과 가르칠 때 필요한 팁을 제공한다 (casketempty.com을 방문하라).

주님이 자신의 말씀을 설교하고 가르치는 일에 복 주시기를!

캐롤 카민스키, 존 모서

하나의 구속 이야기

구약은 창세기에서 말라기서에 이르는 하나의 구속 이야기다. 하나님은 우리와 관계 맺기 위해 우리를 창조하셨다. 하지만 (창세기 3장에 나오는) 첫 성경 이야기에서 아담과 하와가 창조주에게 반역을 저지르면서 하나님과 사람의 관계는 단절된다. 우리는 구약 이야기에서 하나님이 노아, 아브라함, 이삭, 야곱 같은 개인뿐 아니라 자기 백성이신 이스라엘과도 관계 맺는다는 사실을 배운다. 하나님이 자기 백성과 맺으신 관계와 그 과정에서 하나님이 주신 약속을 추적하다 보면 하나님에게 찬양과 경배를 드리고픈 마음이 생겨나는 주요 지점들이 있을 것이다. 하지만 완전히 절망하게 되는 시기도 있는데, 이스라엘의 마음이 강퍅해져서 하나님에게 돌아가기를 완고하게 거부하는 때다.

　구약 마지막에 가까워질수록 이스라엘의 죄와 그들의 방황하는 마음을 해결할 길이 없다. 귀환한 이들은 강력한 바사 제국의 통치 아래 이스라엘이라는 작은 지방에서 살아간다. 성전이 재건되었지만, 솔로몬이 세운 영광스러운 성전과 비교할 때 초라하기만 하다. 하나님이 예레미야 선지자를 통해 약속하신 새로운 언약을 세우실 것이라는 조짐도 없다. 왕좌에서 다스릴, 다윗 왕조에서 난 왕도 없다. 그리고 요엘 선지자를 통해 약속하신, 하나님의 영을 부어 주시는 일도 나타나지 않는다. 구약의 마지막 날에 하나님의 백성은 하나님이 옛 약속을 성취해 주실 것을 기다린다. 하지만 온전한 회복은 아직 임하지 않는다. 하나님의 구속 계획을 성취하실 그분이 아직 오지 않으셨기 때문이다.

이 이야기는 신약으로 이어지고, 두음 문자 'EMPTY'(대망, 메시아, 오순절, 가르침, 아직 임하지 않음)를 통해 추적할 것이다. 우리는 구약 마지막 날에 이 이야기가 **끝나지 않은 이야기**임을 상기하게 될 것이다. 하나님의 백성은 하나님이 자신들을 위해 일해 주실 것을 기다린다. 그들은 400년을 기다려야 할 것이다. 마치 애굽에서 400년간 구원을 기다린 것처럼 말이다. 하지만 이 이야기는 성취될 것이다. 하나님은 약속하신 것을 신실하게 지키시기 때문이다.

성경에는 하나의 구속 이야기가 존재하고, 예수께서 그 중심에 계시다. 예수께서는 이 이야기의 절정이시다. 그분의 죽으심과 부활을 상징하는 '빈 무덤'(CASKET EMPTY)이 이 시리즈의 제목이 된 이유도 이 때문이다. 아담을 통해 죽음이 왔지만, 마지막 아담이신 예수를 통해 생명이 임한다. 빈 무덤은 예수께서 죄와 사망을 정복했다는 사실을 일깨워 준다! 예수께서는 이야기 초반부터 나타나는 죄와 사망이라는 인간의 역경에 대한 해결책이 되신다.

이 시리즈의 제목은 우리가 예수의 죽으심과 부활을 우리 삶의 본으로 받아들이도록 부름받았다는 점을 강조한다. 우리는 새로운 삶 가운데 걸으며, 성령의 능력을 받아 이 세상에서 하나님이 주신 사명의 일부가 되어야 한다. 예수께서는 왕으로서 지금 하나님의 영원한 왕국을 다스리신다. 우리는 이처럼 더 큰 구속의 서사를 염두에 두고 구약 연구를 시작해야 한다. 즉 하나님의 아들이 오실 것임을 우리 마음과 생각으로 준비하는 데 성경이 끼치는 역할을 의식하면서 말이다. 엠마오로 향하는 길에서 예수께서는 제자들에게 구약이 **자신**을 이야기한다고 가르치셨다. 예수께서 제자들과 나누신 이 대화가 우리가 함께 떠나는 여정의 출발점이 될 것이다.

연대기에 따른 구약 배치

구약에서 하나님의 구속 계획을 추적할 때, 각 권을 전체 줄거리 안에 위치시키는 능력은 중요하다. 구약은 서른아홉 권으로 구성되어 있다. 하지만 정확한 시간대와 역사 배경에 따라 읽기 위해서는 각 권을 원래 맥락 가운데 위치시켜 놓아야 한다. 이런 작업은 간단해 보이지만, 놀라울 정도로 어렵다. 구약의 각 권은 (역사책을 읽을 때 흔히 기대하는 것처럼) 연대기 순으로 되어 있지 않고, 장르에 따라 구성되어 있기 때문이다. 구약의 성경들은 세 가지 문학 양식에 따라, 역사서(창세기에서 에스더서), 시가서(욥기에서 아가서), 예언서(이사야서에서 말라기서)로 배열되어 있다. 구약을 성경책에 있는 순서대로 읽으면 줄거리를 파악하거나 정확한 시간대와 역사 배경에 따라 인물과 사건을 파악하기가 어려울 것이다. 이렇게 하면 하나님이 자신의 말씀을 통해 우리에게 전하고자 하시는 바를 오해하는 결과를 낳을 수도 있다. 두음 문자 'CASKET'은 구약의 줄거리를 따라가고 각 권을 개별 시기에 맞춰 배치하는 데 도움을 줄 것이다.

두음 문자(CASKET EMPTY) 익히기

성경 이야기는 구약의 여섯 시대(CASKET)와 신약의 다섯 시대(EMPTY)를 통해 추적할 수 있다. 각 시대에 따라 고유 제목과 연도가 있으며, 이는 다음과 같다.

C = 창조 시대(Creation, 연도 불분명)

A = 아브라함 시대(Abraham, 주전 2100-1450년경)

S = 시내 시대(Sinai, 주전 1450-1050년경)

K = 왕정 시대(Kings, 주전 1050-586년경)

E = 포로 시대(Exile, 주전 586-539년경)

T = 성전 시대(Temple, 주전 539-430년경)

E = 대망 시대(Expectations, 주전 430-6년경)

M = 메시아 시대(Messiah, 주전 6-주후 33년)

P = 오순절 시대(Pentecost, 주후 33-65년경)

T = 가르침 시대(Teaching, 주후 33-95년경)

Y = 아직 임하지 않은 시대(Yet-to-come, 주후 95년경-그리스도의 재림)

각 표제는 특정 시기를 요약하고 있으며, 각 표제의 첫 번째 글자가 'CASKET EMPTY'라는 두음 문자를 이룬다. 되도록 빨리 표제와 두음 문자 'CASKET'에 해당하는 각 시대의 연도를 암기한다면 성경 연구에 큰 도움이 될 것이다. 이렇게 하면 성경 각 권을 정확한 시대에 배치하는 데 유용할 것이다. 또 연대표에 나와 있는, 구약의 여섯 시기를 대변하는 여섯 개의 그림을 기억하면 이야기의 줄거리를 숙달할 수 있을 것이다. 신약과 함께 보면, 'CASKET EMPTY'라는 제목은 하나님의 구속 계획을 성취하신 예수의 '빈 무덤'을 가리킨다. 이것이 성경의 이야기다. 그리고 그 중심에는 예수께서 계시다.

시작하기 전에

대화를 시작하기 위해서 성경 공부나 소그룹에 참여한 사람들에게 구약에 대한 당신의 첫인상을 나누라. 다음에서 해당하는 내용을 모두 표시하라.

● **내가 생각하는 구약 성경은**

  ☐ 폭력, 타락, 배신이 난무한다.

  ☐ 아름다운 시를 담고 있다.

☐ '분노하는 하나님'을 담고 있다(반면에 신약은 '사랑하는 하나님'을 담고 있다).

☐ 문학 형태가 다양하다.

☐ 매우 지겹다(그 모든 족보와 왕조, 그리고 반복!).

☐ 영화로 만들 만한 놀라운 이야기도 있다(러셀 크로우가 주연한 〈노아〉, 디즈니의 〈이집트 왕자〉처럼).

☐ 내가 가장 좋아하는 성경이다.

☐ 하나님을 믿는 나의 믿음에 중요하지만 때로 헷갈리게 만든다.

☐ 기타: _____

● **내가 가장 좋아하는 구약 이야기는**

● **구약에서 내게 가장 문제가 되는 점은**

● **이 성경 공부에서 내가 원하는 것은**

☐ 구약을 더 알아 가는 것이다.

☐ 성경에 대한 질문에 해답을 얻는 것이다.

☐ 우리 교회 다른 사람들과 더 친해지는 것이다.

☐ 하나님과의 관계에서 성장하는 것이다.

☐ 새롭게 믿음을 갖게 된 사람으로서 그리스도인이 된다는 의미를 더 알아 가는 것이다.

☐ 기타: _____

📖 **성경 읽기** 📖

마태복음 1:1, 누가복음 24:25-27, 44-47, 요한복음 1:1-14,
고린도전서 15:3, 4, 디모데후서 3:14-17

묵상을 위한 질문

1 마태복음 1장 1절을 읽으라. 신약 성경 첫 구절은 예수를 누구라고 하는 가? 당신은 왜 마태가 자신의 복음서를 이렇게 시작했다고 생각하는가? 그리고 이 말씀은 예수에 대해 우리에게 무엇을 전하는가?

2 예수께서는 어떻게 다윗의 아들이자 아브라함의 아들일 수 있는가? 왜 다윗과 아브라함이 예수에 대한 복음서의 시작에 언급되는가?

3 누가복음 24장 25-27, 44-47절을 읽으라. 구약 어느 책에 예수에 관해 기록되어 있는가? 이 사실은 우리가 구약을 읽는 방식을 어떻게 바꿔 놓 는가?

4 요한복음 1장 1-4절을 읽으라. 이 말씀은 예수에 대해 우리에게 무엇을 전하는가?

5 고린도전서 15장 3, 4절을 읽으라. 예수의 죽음을 예견한 구약 말씀을 생 각해 낼 수 있는가? 우리가 예수의 죽음과 부활을 이해하는 데 구약은 어떤 도움을 주는가?

6 디모데후서 3장 14-17절을 읽으라. 구약을 연구하는 가치는 무엇인가? 어떤 방식으로 구약 연구가 우리 삶에 도움이 되는가?

1 어떤 책을 읽기(또는 영화를 보기) 시작했는데, (「나니아 연대기」, 「해리 포터」, 「반지의 제왕」 등과 같이) 그것이 여러 권의 책 또는 여러 편의 영화로 된 대서사시의 일부라는 사실을 나중에야 알게 된 적이 있는가? 처음으로 돌아가 이야기의 순서를 확인하면서 무엇을 얻었는가?

> 하나님의
> 말씀을
> 적용하기

2 당신이 미식가라면, 신약 성경만 읽는다는 것은 구약과 신약이라는 오래 끓인 국을 즐기는 것에 비해 전자레인지에 돌린 음식을 먹는 것과 어떤 면에서 같은가?

⊕ **「구약을 읽다」와** ○ "들어가는 글"(13-21쪽)을 읽으라.
함께 톺아보기

WEEK

2

하나님의 선한 창조

우리는 창세기 1-2장으로 구약 연구를 시작할 것이다. 이 부분은 여호와 하나님이 세상을 창조하신 분이자 유지하시는 분임을 소개한다. 처음부터 여호와는 유일한 하나님으로 드러나며, 모든 창조 세계는 하나님에게 찬양과 영광을 돌려야 한다. 이것이 우리에게는 당연하게 들릴지 몰라도, 성경을 시작하는 이 두 장은 많은 신을 믿는 다신론적 세상에서 한 줄기 빛으로 두드러진다. 창조 세계는 리듬감 있는 반복과 완벽한 조화 가운데 하나님의 말씀으로 존재하게 된다. 하나님은 7일이라는 틀 안에서 세상을 피조물이 거주할 만한 비옥한 곳으로 만드신다. 태양으로 날을 주관하게 하시고, 달로는 밤을 주관하게 하신다. 온갖 채소가 솟아나고, 식물은 씨를 내며, 나무는 열매를 맺는다. 물은 물고기로 충만하고 하늘은 새로 채워진다. 살아 있는 모든 피조물이 창조주의 복 아래 있다.

창조 이야기에서도 절정의 순간, 하나님은 자신의 형상과 모양을 따라 남자와 여자로 사람을 창조하신다. 그들은 왕의 임무를 부여받는데, 살아 있는 모든 피조물을 다스리고 하나님의 선한 창조 세계를 관리하는 일이다. 온 우주의 왕이신 여호와는 놀랍게도 인간에게 영광과 존귀로 관을 씌우신다. 시편

기자는 다음과 같이 말하며 바른 경외감을 드러낸다. "사람이 무엇이기에 주께서 그를 생각하시며 인자가 무엇이기에 주께서 그를 돌보시나이까"(시 8:4). 하나님의 복 아래에서 사람은 번성하고 땅에 충만하며 땅을 다스리게 된다. 하나님은 자신이 지으신 모든 것이 심히 좋았더라고 확언하신다(창 1:31 참조).

하나님은 일곱째 날을 거룩한 시간과 공간으로 구분하신다. 그날은 안식일로, 일주일이라는 삶의 리듬 가운데 예배를 위해 정해진 날이다. 7일의 창조 주간은 이스라엘이 살아가게 될 매주의 리듬을 예견하는 것으로, 그들 역시 일주일에 하루씩 여호와께 거룩하게 구별된 안식일마다 일상의 일을 멈추어야 했다. 물론 일도 하나님이 지으신 선한 창조의 일부다. 하지만 하나님은 사람이 매주 하루는 일을 멈추고 안식하며 여호와 하나님을 예배하도록 고안하셨다.

토기장이가 토기를 빚듯이 하나님은 사람을 자신의 형상과 모양으로 지으신다. 하나님이 생기를 불어넣을 때 아담은 생령이 된다. 고대 세계에서 사람이 (흙, 나무, 돌과 같은 물질로) 만든 형상은 성직자가 거행하는 특별한 예식을 통해 신이 거하는 곳이 된다고 생각했다. 하나님은 이처럼 (보거나, 듣거나, 냄새 맡거나 숨 쉴 수 없는) 생명 없는 형상과는 대조적으로 **살아 있는** 형상을 지으시는데, 참되고 살아 계신 유일한 여호와 하나님과 친교를 맺기 위해 창조된 존재다.

주 하나님은 초록빛으로 가득한 멋진 동산을 지으시고, 아담은 그곳을 경작하고 지키는 임무를 부여받는다. 이는 레위 자손이 맡은 역할, 즉 성막을 섬기고 보호하는 임무의 전조가 된다. 또 에덴에 등장하는 표현은 후에 성막과 성전을 묘사할 때 사용되는데, 이는 에덴이 신성한 공간임을 나타낸다. 아담과 하와는 에덴에서 하나님과 함께 살았고, 하나님은 그들 가운데 걸으셨다. 마찬가지로 이후에 하나님은 성막과 성전에서 거니실 것이다. 하나님은 동산에 나무를 두 그루 심으시는데, 생명 나무와 선악을 알게 하는 나무다. 하나님은 참되고 살아 계신 유일한 분이기 때문에 자신의 피조물에게 제한을 두셨다. 하나님과 함께하는 삶은 하나님 말씀에 순종할 것을 요구한다.

하지만 인간의 이야기는 하나님과 인간의 관계가 죄로 인해 왜곡될 것임을 드러낸다. 아담과 하와는 여호와 하나님을 예배하는 대신에 자율성을 발휘하여 하나님과 같은 존재가 되기를 구하고 스스로 무엇이 선함인지를 결정한다. 우리는 이스라엘의 이야기를 통해 하나님에게만 드려야 하는 예배가 사람이 만든 형상을 향하고, 사람들이 뻔뻔하게도 그러한 형상을 신으로 여기는 모습을 보게 된다. 그럴수록 소외는 더욱 심해지고 인간의 마음은 죽어 버린다. 하지만 하나님에게는 창조 세계를 회복할 계획이 있으셨다. 이 계획은 아브라함으로 시작되며, 이 책과 함께 끝까지 연구하고 나면 궁극적으로 아브라함의 아들이신 예수에게서 성취됨을 알게 된다. 예수께서는 보이지 않으시는 하나님의 참되고 완벽한 형상이시다. 예수께서는 새로운 인간을 창조하시는데, 그 인간은 생명을 주시는 성령을 통해 **그분의** 형상으로 변형된 자들이다. 모든 인간은 세상의 형상을 지니지만, 그리스도 안에 있는 자는 천국의 형상을 지닌다. 이것이 복음, 즉 좋은 소식이다.

📖 **성경 읽기** 📖

창세기 1-2장, 시편 8편, 148편,
요한복음 1:1-5, 골로새서 1:15-18

---

1   창세기 1장 1절-2장 4절을 읽으라. 하나님은 성경 가장 첫 장에서 자신을 어떻게 드러내시는가? 하나님에 대해 무엇을 배웠는가? 이 구절에서 놀랍거나 당황스러운 점이 있다면 무엇인가?

2 창세기 1장 1절-2장 4절은 '어떻게'에 관한 이야기 같은가? 아니면 '누가 그리고 왜'에 관한 이야기 같은가? 아니면 둘 다인가? 그렇게 생각하는 이유는 무엇인가?

3 창세기의 창조 기사 중 어느 부분이 (보통 우리가 말하는 의미에서) 과학적으로 보이는가? 그리고 어느 부분이 더 시적이고 신학적인가? 예를 들어 보라.

4 하나님은 왜 무언가를 창조하셨는가? 이 창조 이야기는 우주와 땅과 사람이 창조된 이유가 무엇이라고 전하는가?

5 하나님의 형상을 따라 만들어졌다는 것은 무슨 의미인가? 이 부분에서 당신의 눈에 띄는 것은 무엇인가?(창 1:26-28 참조)

6 시편 8편을 읽으라. 이 시는 우리가 사람으로서 지닌 가치와 위엄에 대해 무엇을 가르치는가? 그리고 우리는 다른 이와의 관계에서 어떻게 이를 반영해야 하는가?

1 이 부분은 하나님이 자신의 선한 피조물에 품으신 본래 목적에 대해 무슨 이야기를 하는가? 당신은 오늘날 우리가 살아가는 세계를 "심히 좋았더라"고 말할 수 있는가? 우리 세상과는 어떻게 다른가? 그리고 왜 다른가?

2 이 본문은 하나님과 우리의 관계, 그리고 우리 삶에 대한 하나님의 목적에 대해 무엇을 가르치는가?

3 이 부분은 어떻게 그리스도를 증거하는가?(요 1:1-4, 골 1:15-17 참조)

🔍 **연대표 살피기** ○ 연대표에서 "창조 시대" 부분을 살펴보라.

⊕ **「구약을 읽다」와 함께 톺아보기** ○ 1장 "창조 시대" 첫 번째 부분(23-43쪽)을 읽으라.

WEEK

3

관계가 단절되다

아담과 하와는 에덴이라는 곳에서 살아간다. 그곳은 하나님이 열매 맺는 온갖 나무를 심으신 즐겁고도 무성한 동산이다. 이 동산을 묘사하는 내용은 성막과 성전을 예견하는 것으로, 거룩하신 하나님이 임재하신 곳이기에 에덴이 신성한 공간이라는 사실을 강조한다. 그리고 동산 중앙에 두 나무가 있는데, 바로 '생명 나무'와 '선악을 알게 하는 나무'다. 하나님은 아담에게 동산 모든 나무의 과실을 먹을 수 있지만, 선악을 알게 하는 나무의 열매는 먹어서는 안 된다고 명하신다. 이 명령은 아담과 하와가 하나님을 신뢰할 수 있는 기회를 제공한다. 잠언에서 지혜의 근본이 하나님을 경외함이라고 가르치듯이, 지혜는 하나님의 말씀을 들음으로 얻는 것이다. 하나님은 아담에게 그 명령을 순종하지 않으면 반드시 죽으리라고 경고하신다. 하나님에게 순종할 때 생명이 있다. 아담과 하와는 하나님을 신뢰하고 여호와께서 하나님임을 인정해야 한다(그런데 그들은 그러지 못한다!).

그런데 뱀이 등장하여 하나님 말씀에 미묘하게 반하는 목소리를 낸다. 뱀은 교활하게 하나님의 성품과 하나님 말씀의 신뢰성에 의심을 일으킨다. 아담과 하와는 하나님의 음성을 듣고 자신의 창조주를 신뢰하는 대신 뱀의 유혹에 홀려 버린다. 신처럼 되고 싶었기 때문이다. **그들은** 어리석게도 하나님에게 반역하여 무엇이 옳은지를 스스로 결정한다. 하와는 그 나무의 열매를 먹고 함께 있던 아담에게 건넸으며, 아담도 그것을 먹어 버린다. 슬프게도 이제 죄와 사망이 인간 역사에 들어오게 되고, 뱀의 속임수는 거짓으로 밝혀진다. 처음부터 거짓말쟁이였던 뱀은 결국 하나님에게 심판받을 것이다.

아담의 불순종으로 선한 창조 세계는 엇나가고 만다. 아담과 하와는 수치심으로 자신들을 만드신 창조주에게서 숨으려 한다. 그러면서 그들의 관계에 갈등과 비난이 들어온다. 땅이 가시와 엉겅퀴를 내면서 일은 더 고되어진다. 출산의 고통이 더 커지고, 결혼 관계에도 투쟁과 갈등이 따른다. 그뿐 아니라 죄는 하나님과 인간의 관계에 불화를 초래하여, 아담과 하와는 (하나님이 처음 지어 주신 옷을 입은 채) 동산에서 추방된다. 물론 에덴 밖에서도 삶은 계속되지만 사망이 따르게 되고, 모든 인간에게 죄의 결과는 현실이 된다. 이것이 기독교의 가르침에서 **타락**으로 알려진 이야기다. 이 이야기는 인간이 겪는 죄와 사망이라는 곤경이 아담의 이야기와 본질적으로 연결되어 있음을 강조한다.

우리는 성경 이야기에서 우리가 아담의 죄악 된 본성을 공유한다는 사실과, 우리가 지은 죄는 우리의 책임이라는 사실을 배운다. 그 결과, 성경 첫 두 장에 묘사된 선한 창조 세계가 이제는 반대로 죄의 영향을 받게 되고, 고통은 현실이 된다. 형제 사이에서 갈등이 생겨 유혈 사태가 일어나고 하나님과 더 소원해진다. 이것이 인간이 처한 곤경으로, 이스라엘의 이야기를 추적하다 보면 더 분명히 드러날 것이다. 아담의 죄악 된 본성이 이스라엘 안에도 있다는 사실이 매우 명백해지기 때문이다.

도덕 질서가 파괴되면서 이제 창조 세계는 무의미함과 무질서에 굴복한다. 하지만 이 서사 가운데 우리는 잠시 멈춰 에녹이라는 인물에 주목해야 한다. 그는 하나님과 동행한 인물이다. 그는 아담의 후손 가운데 죽지 않은 유일한 사람이다. 그는 앞으로 임할 것의 이정표로, 하나님과 동행함이 죽음 이후에도 생명을 얻는 해결책이라는 사실을 시사한다.

죄가 점점 커지면서 하나님은 홍수를 보내 인간을 쓸어버리기로 작정하신다. 하지만 노아는 여호와 보시기에 은혜를 입는다. 노아는 믿음으로 하나님의 명령에 순종하여 방주를 짓는다. 그리고 하나님은 그가 의롭다고 선포하신다. 노아 역시 에녹처럼 하나님과 동행하여 가족과 함께 구원을 받는다. 하나님은 노아를 비롯한 모든 육체와 언약을 세우시며 다시는 창조 세계를 홍수로 파멸하지 않겠다고 약속하신다. 죄는 계속되지만, 하나님의 자비가 승리한다. 그리고 창조의 복이 재개된다.

우리는 이 연구를 통해 인간 이야기의 희망이 (그리고 죄와 사망이라는 현실로 망가진 우리 자신의 생명에 대한 희망 역시) 마지막 아담이신 예수 안에서 발견된다는 사실을 깨닫는다. 완전하게 순종하신 그분의 삶이 우리에게 새로운 삶과 죽음 이후의 희망을 보장한다.

📖 **성경 읽기** 📖

창세기 3-4장, 6장,
마태복음 4:1-11, 로마서 1:18-23, 5:12-21, 고린도전서 15장, 히브리서 7:1-7

---

1   창세기 3장을 읽으라. 이 부분은 뱀의 농간에 대해 무엇을 전하는가? 나중에 뱀은 성경에서 사탄으로 밝혀진다. 당신은 오늘날에도 사탄이 살아 있다고 생각하는가? 사탄은 어떻게 일하는가?

묵상을 위한 질문

2 당신은 선악을 알게 하는 나무가 왜 그렇게 매혹적이었다고 생각하는 가? 뱀이 하와에게 제안한 것 가운데 무엇이 그렇게 마음을 끄는가?

3 인간의 죄는 출산, 결혼, 일과 휴식의 균형과 같은 핵심 영역에서 어떻게 하나님의 선하신 창조에 부정적인 영향을 끼치게 되었는가?

  ● 출산:

  ● 결혼:

  ● 일과 휴식의 균형:

4 예수께서 광야에서 유혹당하신 마태복음 4장 1-11절 이야기를 읽으라. 그리고 예수께서 보이신 반응과 아담과 하와가 보인 반응이 어떻게 다른 지 비교하라. 예수께서는 아담이 실패한 지점에서 성공하셨다는 사실이 왜 중요한가?

	아담과 하와(창 3:1-24)	예수(마 4:1-11)
장소		
음식 선택		
유혹		
사탄의 주장		
결과		

5 창세기 4장을 읽으라. 타락 이야기는 가인과 아벨의 관계에 어떻게 반영되어 있는가? 창세기에 나타나는 갈등의 또 다른 예로는 어떤 것들이 있는가?

6 창세기 6장을 읽으라. 하나님이 노아와 그의 가족을 구원하신 것이 어떻게 하나님의 은혜를 입증하는가?

1 훼손되지 않은 하나님의 창조 세계에서 당신이 가장 좋아하는 한 가지
는 무엇인가? 당신은 공해 물질이 자연을 오염시키는 모습을 볼 때 어떤
느낌이 드는가? 당신의 그러한 감정은 당신을 타락시키는 죄를 하나님이
어떻게 바라보실지에 대해 무엇을 시사하는가?

2 과학은 유전 물질이 한 세대에서 다음 세대로 전해질 수 있으며, 몇몇 유
전된 특질은 미래 세대를 질병과 죽음이라는 큰 위험에 처하게 할 수도
있다고 가르친다. 이는 어떻게 아담에게서 나온, 죄를 저지르려 하는 우
리의 유전된 성향에 대한 비유가 될 수 있겠는가?

3 "사탄은 창조하지 못한다. 그저 타락시키기만 할 수 있다." 당신은 이 말에
동의하는가, 그렇지 않은가? 창세기 3장은 당신의 답변을 어떻게 뒷받침
하는가? 사탄은 오늘날 우리의 삶을 해치기 위해 어떻게 애쓰고 있는가?

4 로마서 5장 12-21절을 읽으라. 아담의 행위와 예수의 행위가 끼친 효과
는 어떤 차이가 있는가? 두 번째 아담이신 예수께서는 어떻게 죄와 사망
뿐인 인간 이야기에 해결책이 되셨는가? 그리고 이 사실은 당신의 삶에
어떤 의미가 있는가?

꧁ **연대표 살피기** ○ 연대표에서 "창조 시대" 부분을 살펴보라.

⊕ **「구약을 읽다」와** ○ 1장 "창조 시대" 두 번째 부분(43-58쪽)을 읽으라.
함께 톺아보기

WEEK

4

───

하나님의 믿음 가족

이제 인간 이야기는 확 좁아져서 아브람이라 불리는 한 사람에게 집중한다. 남부 메소포타미아의 우르라는 도시에 사는 아브람에게 여호와께서 나타나시면서 하나님의 구속 계획에서 핵심적인 전환이 일어난다.

우르는 특히 달의 신인 씬(Sin)에게 헌정된, 높이 솟은 지구라트(고대 신전 건축물)로 잘 알려져 있었다. 아브람은 우상을 섬기는 가정에서 자랐고, 아내인 사라와 함께 이교도의 도시, 우르에서 살아간다. 하지만 여호와 하나님이 은혜를 베푸사 우르에서 그에게 나타나신다. 그리고 고향과 친척을 떠나서 하나님이 보여 주실 곳으로 가라고 말씀하신다. 하나님은 그에게 복 주시고 그의 이름을 창대하게 하겠다고 약속하신다. 하나님은 그에게 땅을 주실 것인데, 그 땅은 이후 약속의 땅으로 밝혀질 것이다. 아브람과 사라는 하나님의 말씀을 듣고 믿음으로 우르를 떠나 가나안 땅에 도착하기에 앞서 하란으로 향한다. 하나님은 아브람에게 후손을 많이 줄 것도 약속하신다. 매우 많아 셀 수 없을 정도로 말이다! 그는 위대한 민족이 될 뿐 아니라 이 땅의 모든 민족이 그를 통해 복을 받을 것이다. 여호와는 그의 하나님이 되시고, 아브람의 후손은 하나님의 백성이 될 것이다. 왕들이 그에게서 나올 것이며 (이후로 아브라함이라 불리는) 아브람은 여러 민족의 아버지가 될 것이다. 아브라함이 받은 약속은 전체 성경 줄거리의 윤곽을 설정한다. 그리고 땅의 모든 민족이 아브라함의 씨로 복을 받을 것이라고 하나님이 약속하실 때, 아브라함에게도 복음이 선포된다! 우리는 이 연구를 통해 예수께서 아브라함의 씨이시고, 따라서 모든 민족이 **그분을** 통해 복을 받게 된다는 사실을 깨닫는다.

하나님이 아브라함과 사라를 부르실 때, 그들은 이미 나이가 많았다. 그리고 사라가 불임이라는 사실을 알게 되면서 우리는 조금 놀라게 된다. 하나님의 약속 중 하나가 아브라함에게 많은 후손을 주신다는 것이기 때문이다. 몇 년이 흐른 후, 아브라함은 자신의 종인 엘리에셀이 상속자가 되어야 하는 것은 아닌지 염려한다. 하지만 하나님은 그에게 많은 별이 빛나는 하늘을 올려다보라고 하신다. 그분은 아브라함에게 그의 후손이 하늘의 별처럼 셀 수 없이 많을 것이라고 다시 확신을 주신다! 하나님이 주신 약속의 말씀에 반응하여 아브라함은 여호와를 믿고, 하나님은 은혜로 그의 믿음을 의로 여기신다. 비록 아브라함이 경건하지 않았다고 할지라도, 그는 믿음 때문에 하나님과 바른 관계에 있다고 선포된다. 아브라함에게는 '부활 신앙'이 있었다. 하나님이 죽은 것을 되살리신다는 사실을 믿었기 때문이다(그의 몸은 죽은 것이나 마찬가지였고 사라의 태가 닫혔음을 생각해 보라). 아브라함의 믿음은 천하 만민이 율법의 행위가 아닌 예수를 믿음으로 하나님과 바른 관계에 있을 수 있다는 사실을 예견한다. 이것이 바로 하나님이 은혜로 주시는 선물이다.

하나님은 아브라함과 법적 구속력을 지닌 합의를 맺으시는데, 이는 아브라함 언약으로 알려져 있다. 이 고대 예식에서 하나님은 아브라함과 언약을 세우시며 도살한 동물들 사이를 지나가신다. 하나님의 임재는 연기 나는 화로와 타는 횃불로 대변되는데, 이는 시내산에서 나타날, 거룩하고 불과 같은 하나님의 임재를 예견하는 표현이다. 이 일방적인 언약에서 하나님은 아브라함에게 조건 없는 약속을 베푸신다. 그리고 이 언약은 그의 아들인 이삭, 손자인 야곱에게서 재차 확인되며 구약 성경 전반에 걸쳐 유효하다.

오랜 기다림의 세월이 흐르고 하나님이 주신 약속의 말씀이 성취되어 사라는 기적적으로 아들 이삭을 낳는다. 이삭의 출생은 아브라함의 자녀가 생물학적인 자손을 넘어, 약속을 따라 성령으로 태어난 자들까지 확장됨을 가리킨다. 처음부터 하나님의 목적은 아브라함이 여러 민족의 아버지가 되는 것이었다. 몇 년 후 하나님은 아브라함을 시험하시며 사랑하는 아들을 번제물로 바치라고 명하신다. 아브라함은 믿음으로 순종하였고, 하나님은 마지막 순간에 개입하셔서 이삭 대신 번제물로 바칠 숫양을 주신다. 이 이야기에서 번제물은 예루살렘의 모리아 산에 있는 성전에서 수많은 희생 제물이 드려질 때를 예견한다. 우리는 이 연구를 통해 이 이야기가 하나님이 우리 죄를 위한 대속 제물로 자신의 독생자를 값없이 주실 때를 내다보는 것임을 배우게 된다.

📖 **성경 읽기** 📖

창세기 12장, 15장, 17장, 22장,
로마서 3:22–24, 4:1–25, 갈라디아서 3:6–19

---

1 창세기 12장 1-7절과 창세기 15장을 읽으라. 아브라함의 믿음 이야기가 어떻게 진행되어 가는지 따라가라.

○ 아브라함을 부르실 때 하나님의 **임재**(Presence)는 어떻게 보이는가?(행 7:2 참조)

○ 창세기 12장 1절은 하나님이 아브라함을 **찾으시는**(Pursuit) 모습을 어떻게 보여 주는가?

○ 하나님은 창세기 12장 2a절에서 아브라함에게 어떤 **약속**(Promise)을 주시는가?

○ 창세기 12장 2b, 3절을 보면 하나님이 아브라함에게 복을 주신 **목적**(Purpose)은 무엇인가?

○ 창세기 12장 3b절은 하나님이 **누구**(Person)를 통해 모든 족속에게 복을 주실 것이라고 하는가?(창 18:18, 26:4, 28:14도 읽으라)

○ 창세기 15장 6절은 아브라함의 **태도**(Posture)가 하나님의 약속을 믿는 믿음에서 나온 것임을 보여 준다. 아브라함의 공으로 돌려지고 있는 것은 (그의 '행위' 대신에) 무엇인가? 그리고 이 사실은 우리 삶에 왜 중요한가?(롬 4:1-4 참조)

2 갈라디아서 3장 6-19절을 읽으라. 바울은 어떻게 아브라함의 이야기를 활용해서 예수를 믿는 믿음이 아브라함의 믿음과 동등한 것이라고 증명하는가?

3 로마서 4장 1-25절을 읽으라. 바울은 어떻게 (행위 없이 존재한) 아브라함의 **믿음**을 가리켜 할례에 대한 유대인의 잘못된 자부심을 교정하는가?

4 아브라함이 아들 이삭을 제물로 드리는 장면(창 22장)에서 나타나는 복음의 희미한 불빛을 찾아보라. 이 이야기는 하나님이 자신의 사랑하는 아들을 제물로 주실 것의 전조가 된다(요 3:16). 이 이야기에서 다음 요소들을 찾아보라.

● 사랑받는 **아들** :

● 이야기의 **절정** :

● 구원을 베푸는 **대속물** :

5 창세기 15장 6절을 읽으라. 하나님은 왜 선행이 아닌(다른 종교는 대부분 선행에 기초한다) 아브라함의 **믿음**을 바른 관계의 기초로 여기시는가? 이 구절에 강조 표시를 하고, 밑줄을 치고, 별표를 하라.

6   창세기 15장 18절은 "그날에 여호와께서 아브람과 더불어 언약을 세워"라고 설명한다. 당신이 창세기 15장에서 이 언약에 관해 배운 것은 무엇인가? 누가 이 언약을 시작하고 보증하는가? 무엇이 약속되고 예고되는가?

7   창세기 17장을 읽으라. 아브람의 새 이름 **아브라함**은 어떻게 하나님이 품으신 계획이 처음부터 여러 민족을 백성으로 삼는 것이었음을 보여 주는가? 이 말씀이 당신의 지역 교회와 세계 선교에 함의하는 바는 무엇인가?

1   당신 가족의 역사에서 언제 '이주'가 일어났는가? 어느 세대에 이동하기로 결정했는가? 왜 그러했는가?

하나님의
말씀을
적용하기

2   하나님은 다른 이들에게 복이 되도록 당신을 어떻게 사용하고 계신가? 당신의 삶이 복이 **되기 위해** 당신이 해야 할 일은 무엇인가?

3   어두운 밤 고개를 들어 수없이 많은 별을 볼 때 어떤 감정이 차오르는가?

4   가능성이 희박해 보이는 일이었지만 하나님을 신뢰하기로 선택한 때를
       생각해 보라. 무슨 일이 일어났는가? 이러한 상황은 하나님을 믿는 당신
       의 믿음에 어떠한 영향을 끼쳤는가?

<table>
<tr><td>🔍 연대표와
지도 살피기</td><td>○ 연대표에서 "아브라함 시대"를 살펴보고, 아브라함에게 주신
약속들을 익히라.

○ 첫 번째 지도 "아브라함의 약속된 땅으로의 여행"을 살펴보라.
아브라함의 여정을 우르에서 가나안까지 추적하고, 그 길에 있
는 핵심 도시들을 확인하라.</td></tr>
<tr><td>⊕ 「구약을 읽다」와
함께 톺아보기</td><td>○ 2장 "아브라함 시대" 첫 번째 부분(59-92쪽)을 읽으라.</td></tr>
</table>

WEEK

5

이스라엘의 가족이 보전되다

하나님이 아브라함에게 하신 약속들은 아들인 이삭과 손자인 야곱을 통해 실현된다. 하나님은 야곱의 이름을 이스라엘로 바꾸신다. 하나님은 그의 선조들에게 하신 것처럼 은혜로 야곱에게 가나안 땅과 많은 후손, 그리고 하나님의 임재를 약속하신다.

　야곱은 음모를 꾸며 아버지에게서 형이 받을 복을 가로챈 후 밧단아람에 있는 외삼촌 라반의 집으로 도망한다. 상당한 세월이 지나고 그는 라반의 두 딸인 라헬, 레아와 결혼한다. 그리고 그들을 통해 자녀를 둔다. 열두 아들이 라헬과 레아, 그리고 그들의 여종인 빌하와 실바에게서 태어난다. 야곱은 많은 자녀와 가축 떼를 거느리고 가나안 땅으로 돌아오려고 하지만, 형 에서가 두렵다. 야곱은 하나님에게 기도하며 보호해 주시기를 구하고 여호와께서 안전하게 지켜 주시면 자신의 하나님으로 삼겠노라고 서약한다. 야곱은 천사와 같은 신비로운 존재와 씨름하면서 생명을 구원받고, 이스라엘이라는 새로운 이름을 받는다. 야곱은 여호와와의 만남, 그리고 자신의 생명이 놀랍게 보존됨을 통해 소망을 얻고, 사이가 틀어진 형을 만나려고 준비한다. 야곱은 에서가 자신을 자애롭게 맞아 주자 그에게서 하나님의 얼굴을 보고 천사와의 만남을 기억한다. 야곱은 세겜에 무사히 도착하여 여호와께 제단을 쌓는다. 그는 여호와께서 기도에 응답해 주셨고 자신과 함께하셨다는 사실을 깨닫고 가족과 거느리는 모든 이에게 이방 신상을 모두 땅에 묻으라고 명한다. 이제 여호와께서 그의 하나님이 되셨기 때문에 그들이 지닌 신들을 반드시 폐기해야 했다.

야곱의 새로운 이름인 이스라엘은 그가 하나님과 씨름했다는 사실을 상기시키는데, 이것이 하나님의 백성을 나타내는 이름인 '이스라엘'이 된다. 하나님은 야곱에게 많은 후손을 주겠다는 약속을 확언하신다. 하나님은 그가 백성들의 총회가 되고 그에게서 왕들이 나올 것이라고 약속하신다. 하나님은 아브라함과 이삭에게 약속하신 땅을 야곱과 그 후손에게 재차 확인해 주시는데, 이스라엘이 여호수아의 지도 아래 가나안 땅에 들어서게 되는 배경이 된다.

이야기는 야곱의 열두 아들로 이어진다. 그들은 이스라엘의 열두 지파가 된다. 야곱의 셋째 아들인 레위는 제사장 지파로 선택된다. 이 지파는 땅의 유업을 전혀 받지 못한다. 하나님이 그들의 유업이시기 때문이다. 그들은 구별되어 성막을, 그리고 이후에는 성전을 섬기게 된다. 요셉의 두 아들로, 애굽에서 태어난 에브라임과 므낫세가 야곱의 가족 안에 들어온다. 그들은 야곱의 아들들과 함께 계승자가 되고, 요셉이 이들을 통해 대변된다. 에브라임과 므낫세는 이스라엘의 열두 지파로 계수된다. 그리고 여호수아 시절에 땅을 분배받는다. 성경의 구속 이야기에서 중요한 또 다른 아들은 야곱의 넷째 아들인 유다이다. 그의 계보는 선택받은 왕의 계보로 인정되며, 다윗 왕이 이 계보에서 나온다. 남 왕국의 모든 왕은 유다의 혈통이며, 메시아도 이 왕의 계보에서 오신다.

창세기의 남은 장들은 야곱의 아들들 이야기에 집중하는데, 특히 야곱이 편애한 아들인 요셉에게 관심을 기울인다. 요셉은 꿈에서 형들이 자신에게 절할 것을 본다. 형들은 질투심에 사로잡혀 요셉을 노예로 팔아 버리지만, 요셉은 오랫동안 힘든 시기를 거친 후에 하나님의 섭리로 애굽의 지도자 자리에 오른다. 엄청난 흉년이 찾아오자 형제들은 애굽에서 물자를 얻고자 하는데, 바로 그때 요셉에게 절하게 된다. 그들의 가족은 보전되고, 창세기는 이스라엘이 죽어 장사되기에 앞서 아들들에게 복을 내리는 모습으로 마무리된다. 야곱은 통찰력 있게 각 아들의 특성을 밝히는데, 앞으로 그들이 이스라엘에서 맡을 역할을 예견한다. 요셉은 형제들에게서 오랫동안 유리되었지만, 매우 감동적인 장면을 통해 자신의 정체를 드러내고 형들과 화해한다. 요셉은 형들의 악한 의도에도 하나님이 섭리를 따라 선을 이루셨음을 고백한다. 그는 죽기 전에 자기 뼈를 애굽에서 가지고 나갈 것을 요구한다. 신실하신 하나님이 약속을 성취하실 것임을 알았기 때문이다. 하나님은 분명히 자기 백성을 애굽에서 끌어내어 아브라함과 이삭과 야곱에게 약속하신 땅으로 보내실 것이다.

📖 성경 읽기 📖

창세기 27-28장, 35장, 50장,
로마서 9:1-16, 히브리서 11:20-22

---

1 창세기 27장 18-24절을 읽으라. 어떤 면에서 야곱의 성품은 안타깝게도 앞의 이야기에서 나타난 조부 아브라함의 성품과 유사한가?(창 12:10-16 참조)

묵상을 위한 질문

2 창세기 28장 10-22절에 나오는 야곱의 꿈과 창세기 15장 7-21절에 나오는 아브라함의 환상을 비교하고 대조하라. 각 이야기에서 무엇이 약속되는가? 아브라함과 야곱에게 기대되는 바는 무엇인가? 야곱과 아브라함은 각각 그 이후 무엇을 했는가?

3 창세기 35장에서 하나님은 아브라함의 손자인 야곱과 언약을 새롭게 하신다. 이 일은 야곱이 자신의 아버지를 속이고(창 27장), 에서의 복수가 두려워 성급하게 가족을 떠나고(창 28장), 라반의 엉뚱한 딸과 결혼하고(창 29장), 두 종에게서 자녀를 낳고(창 30장), 장인에게서 몰래 도망하고(창 31장), 마침내 약속의 땅으로 돌아왔지만 여전히 이방 신상들을 지니고 있을 때(창 35:1-4) 일어난다! 이 사실은 '연속극' 같은 이 가족과 맺은 언약에 대한 하나님의 신실함에 대해 무엇을 말하는가?

4 창세기 50장을 읽으라. 요셉의 이야기는 가족 구성원 간에 일어난 갈등을 해결하는 방법에 대해 어떠한 깨달음을 주는가?

5 로마서 9장 1-16절에서 바울은 유대인 친족들을 향한 애끓는 마음과 더불어 예수가 아니면 하나님과 분리된다는 사실을 그들이 이해하기를 바라는 간절한 열망을 드러낸다. 바울은 그들에게 복음의 진리와 구원의 수단이 무엇이라고 가리키는가?

**하나님의
말씀을
적용하기**

1 '야곱'이라는 이름은 그가 형의 발꿈치를 "잡았[을]"(창 25:26) 때와 이후에 형을 "속임"(창 27:36)을 상기시키는데, 이 둘은 다소 호의적이지 않은

성품이다. 그러나 하나님은 야곱의 이름을 '이스라엘'('하나님과 겨룸' 또는 '하나님이 싸우시다'라는 뜻)로 바꾸시고, 그가 하나님과 씨름함을 상기시키신다(배경 지식을 원하면 창 32:22-32 참조). 야곱의 새로운 이름이 하나님과 그의 투쟁을 상기시킨다는 점은 당신에게 어떤 의미가 있는가?

2 당신이 '하나님과 겨루었을' 때는 언제인가? 그 결과는 어떠했는가?

3 요셉이 자기 형제들을 용서하는 감동적인 장면은 그 가족의 추악한 대하소설에서 구속의 전환점이 된다. 당신이 행하는 어떠한 구속적 행동이 당신 가족 안에 있는 고통의 고리를 끊을 수 있겠는가?

🔍 **연대표와 지도 살피기**

○ 연대표에서 "아브라함 시대"를 살펴보라.

○ 첫 번째 지도인 "아브라함의 약속된 땅으로의 여행"을 살펴보라. 밧단아람, 세겜, 애굽의 고센 지역의 위치를 확인하라.

⊕ 「구약을 읽다」와 함께 톺아보기

○ 2장 "아브라함 시대" 마지막 부분(94-98쪽)을 읽으라.

6

하나님이 구원하시고 드러내시다

이스라엘 백성은 400년 동안 애굽에서 종살이하며 비돔과 람세스의 국고성을 쌓는 노역을 하는 신세가 된다. 하지만 그들은 가능하지 않을 것 같은 환경에서도 창조의 복을 실현하여 기적적으로 번성한다. 이름이 밝혀지지 않은 한 애굽 왕은 그들의 수가 늘어 감에 위협을 느낀 나머지 모든 남아를 죽이려고 한다. 하지만 레위 지파 출신의 한 히브리인 남자아이가 하나님의 섭리에 따라 나일강에서 상자에 담긴 채로 건져진다. 이 아이는 애굽식인 '모세'라는 이름을 받고 바로의 집에서 자라고 교육받는다. 이스라엘 백성은 애굽의 속박 아래 고난을 받아 하나님에게 부르짖고, 하나님은 아브라함과 이삭과 야곱과 맺은 언약을 기억하신다. 갑자기 하나님이 불타는 떨기나무에서 모세에게 나타나셔서 "스스로 있는 자"(I AM)라고 자신의 이름을 드러내시면서 구원의 서막이 열린다. 그분은 바로 이스라엘 선조들의 하나님인데, 이제 모세를 불러 자기 백성을 애굽에서 인도하라고 명하신다.

하나님은 놀라운 표징과 기적을 행하신다. 하지만 표징을 보이실 때마다 바로는 마음이 더 강퍅해지고 여호와가 하나님이라는 사실을 인정하지 않는다. 하나님의 능력이 창조 세계에 나타나는데도 바로는 이스라엘을 보내 하나님을 예배하도록 허용하지 않는다. 애굽인은 하나님의 심판을 받게 되고 모든 장자가 죽임당한다. 하지만 하나님은 문설주와 인방에 어린양의 피를 바른 집은 "넘어가리라"고 약속하신다. 여호와께서는 강하게 펴신 팔로 자기 백성을 애굽인에게서 구원하신다. 그리고 다양한 인종으로 이루어진 큰 무리가 애굽을 떠난다. 여호와께서는 기적적으로 바다를 가르시고, 자신만이 온 땅 위에 하나님이며 창조주이심을 입증하신다. 이스라엘 백성은 여호와를 믿고, 그분의 구속하심과 그들을 위해 성취하신 능하신 행동을 찬양한다. 여호와의 강력한 구원은 이스라엘의 이야기에 지울 수 없이 각인되고, 해마다 유월절 식사에서 상기된다. 이제 여호와께서 더 위대한 구속을 이루실 날이 다가온다. 그 구속은 유월절로 예고되었고, 하나님 백성의 마음과 생각에 대대로 지울 수 없이 각인될 것이다.

이스라엘은 시내산에 도달하기 전 숙곳, 마라, 엘림을 지난다. 그곳에서 하나님은 자신이 그들을 선택하셔서 이 땅의 모든 민족 가운데 보배로운 소유로 삼으셨음을 드러내신다. 그분의 백성은 제사장 나라와 거룩한 백성으로 구별된다. 여호와 하나님은 그들과 언약을 맺으시고 언약 조건으로 십계명을 주신다. 이것이 하나님의 백성이 지켜야 하는 하나님의 거룩하고 의로운 법이다. 그들만이 산에서 하나님의 음성을 들었고 하나님의 불을 목격했다. 여러 신을 섬기는 주변 나라들과 달리 그들은 여호와 외에 다른 신을 섬겨서는 안 된다. 그들은 예배를 위해 구별된 날이자 언약 관계의 표징으로 안식일을 지켜야 한다. 모세는 언약의 중재자로서 동물의 피를 하나님의 백성에게 뿌리고, 그들은 여호와께서 명하신 모든 것을 순종하기로 약속한다. 하나님은 그들이 하나님의 법을 따르면 복을 주지만 순종하지 않으면 저주할 것이라고 하신다.

시내에서 맺은 언약은 구약 전체에 걸쳐 효력을 발휘한다. 그리고 역사 내내 이스라엘에 그 계명을 다시 지키라고 요구하는 선지자들의 목소리가 들려온다. 하지만 비극적이게도 이스라엘이 하나님의 법에 순종하지 않으면서 언약은 하나님의 심판으로 이어진다. 그들은 아담과 마찬가지로 죄를 저질러 하나님의 영광에 이르지 못한다. 그리고 그들 역시 그들의 땅에서 축출된다.

하지만 하나님은 은혜로우셔서 자기 백성을 회복하시고 그 땅으로 다시 데려오신다. 어느 날 하나님은 자기 백성과 새 언약을 맺으신다. 하지만 그 언약은 돌판에 기록된 옛 언약과 같지 않다. 새 언약 협정에서는 성령께서 사람의 마음에 하나님의 법을 기록하신다. 이것이 예수로 인해 개시되는 새 언약이다. 예수께서는 율법 아래 이스라엘 사람으로 태어나셨지만 유일하게 율법을 완벽하게 지키실 뿐 아니라 자신의 피로 새 언약을 세우기까지 하신다. 그리스도 안에 있는 자는 새 마음을 얻고 하나님은 자기 백성 안에 새 영을 두신다.

📖 **성경 읽기** 📖
출애굽기 3장, 20장, 24장,
사도행전 7장, 히브리서 9장

묵 상 을 위 한 질 문

1 출애굽기 2장 23-25절과 3장 7-10절을 읽으라. 하나님이 이스라엘과 맺은 언약은 어떻게 자기 백성을 위한 하나님의 구속 행위를 시작하도록 만드는가?

2 출애굽기 3장을 읽으라. 모세의 삶을 바꿔 놓은 거룩하신 하나님과의 만남에는 어떤 요소들이 있는가?

3 출애굽기 20장을 읽으라. 이 장에 소개된 십계명은 언약 공동체의 삶에 매우 중요하다.

○ 이스라엘에 계명을 주시면서 하나님이 주장하시는 권위는 무엇인 가?(2절)

○ 첫째, 둘째, 셋째 계명에 공통적인 한 가지 주제는 무엇인가?(3-7절)

○ 안식일 계명은 어떤 면에서 단순히 '하루 쉬는 날'보다 깊은 의미가 있는가?(8-11절)

○ 가족을 공경하는 일이 어떻게 번성으로 이어지는가?(12절)

○ 언약 공동체 안에서 한 사람이 다른 사람들을 대하는 방법을 규정하 는 이러한 '난간'(guardrail) 계명은 어떻게 사회가 바른길을 가도록 지 켜 주는가?(13-17절)

4 출애굽기 24장을 읽고 하나님이 창세기 15장에서 맺으신 언약과 모세 언약을 비교하라.

	아브라함 언약	모세 언약
관련 당사자		
언약 의식		
주어진 약속		
조건적인가, 무조건적인가		

5 히브리서 9장을 읽으라. 히브리서 기자에 따르면 새 언약이 왜 **더** 좋은 언약인가? 두 언약은 어떻게 비교되는가? 각 언약의 특징을 나열해 보라.

모세 언약	새 언약

6 사도행전 7장을 읽으라. 스데반은 유대 종교 지도자들에게 설교할 때 「구약을 읽다」에서 아브라함 시대와 시내 시대에 해당하는 부분을 다시 진술하며 유대인이 하나님의 구속 계획을 거부하였음을 보여 준다. 그리고 그렇게 함으로 유대인들은 예수를 죽음에 이르게 한다. 이 구절들을 요약해 보라.

시내 시대

○ 요셉의 형들이 요셉을 거부한다(9절). 왜냐하면……

○ 이스라엘 백성이 모세를 거부한다(25, 35, 39절). 왜냐하면……

○ 유대 지도자들이 예수를 거부한다(51-54절). 왜냐하면……

1 누군가 "거룩한 땅 위에 서다"(standing on holy ground)라는 표현을 사용한다면, 하나님과 누린 어떤 경험을 묘사하는 것인가?

하나님의 말씀을 적용하기

2   왜 모세는 '있을 법하지 않은 지도자'였는가? 어떻게 그는 이스라엘을 이
끌어 애굽에서 나가게 할 하나님의 완벽한 선택지가 되었는가?

3   (출애굽기 2장 23-25절로 촉발된) 출애굽 이야기는 어떻게 당신의 나라 또는
당신이 지금 사는 곳에서 자유를 향한 투쟁에 영감을 불러일으키는가?

4   왜 첫째, 둘째, 셋째 계명이 처음에 오는가? 이 계명을 지키면 어떻게 넷
째 계명부터 열째 계명까지 지킬 수 있게 되는가?

🔍 **연대표와 지도 살피기**

○ 연대표에서 "시내 시대" 부분을 살펴보라.

○ 두 번째 지도 "애굽에서의 탈출"을 살펴보라. 이스라엘 백성이 애굽(이집트)에서 시내산 지역으로 이동한 여정을 추적하라.

⊕ **「구약을 읽다」와 함께 톺아보기**

○ 3장 "시내 시대"의 첫 부분(99-120쪽)을 읽으라.

7

하나님이 자기 백성과 함께 거하시다

하나님은 자기 백성과 함께 거하시고자 모세에게 성막을 지으라고 명하신다. 우리는 여기서 성경은 하나님이 자기 백성을 끊질기게 찾으시는 이야기임을 깨닫는다. 하나님은 관계를 맺으려고 사람을 창조하신다. 하지만 아담과 하와는 죄를 저질러 에덴에서 추방된다. 이제 하나님은 모세에게 성막을 만들라고 말씀하시며 그들 사이에 거하겠다고 하신다. 하나님은 모세에게 하늘의 보좌를 반영하도록 설계된 성막의 청사진을 주신다. 성막에는 씻기 위한 물두멍, 빛을 내기 위한 등잔대, 진설병을 올려두는 상, 향을 두는 분향단, 수없이 많은 희생 제물을 드리고 대속이 이루어질 대형 제단을 포함한 여러 성물이 있다. 그중 언약궤는 가장 신성한 성물로 장막 너머 지성소에 있는데, 이 땅에서 하나님의 발등상을 상징한다. 금으로 싸인 두 금 그룹이 마주 보도록 양 측면에 배치되어 있다. 하나님은 자기 백성을 속죄소 위에서 만나신다. 하나님은 영광 가운데 하늘 보좌에 좌정해 계신다. 하지만 호화롭게 장식된 밝은색 장막 너머, 에덴동산에 두신 그룹들 위에 자욱한 연기 가운데서도 신비한 방식으로 거하실 것이다.

하나님은 자신을 섬기는 일을 위해 레위 지파를 구별하신다. 레위 지파는 제사장을 돕고 성막에서 맡은 임무를 수행하도록 선택된다. 하지만 제사장직은 아론과 그의 아들에게만 전수되었다는 사실을 반드시 기억해야 한다. 제사장들은 성막에 들어서기 전 성별 의식을 거치고 하나님의 영광과 거룩을 반영하도록 정교하게 장식된 제사장 의복을 착용했다. 제사장들은 귀한 보석으로 치장된 에봇을 입었는데, 어깨 부위에는 이스라엘 아들들의 이름이 새겨져 있었다. 제사장들은 거룩하신 하나님 앞에서 이스라엘을 대변하고, 그들이 두른 두건은 그들을 '여호와께 성결'한 존재로 규정한다. 제사장들과 레위 지파는 언약 공동체에서 핵심 역할을 수행한다. 거룩하신 하나님을 예배하는 것이 이스라엘의 삶과 품행에 핵심이다. 하나님이 자기 백성 위에 영광스럽게 임재하시기 때문에 그들은 이 땅의 모든 민족과 구별된다. 제사장과 레위 지파는 구약 성경 내내 중요한 역할을 한다. 또 그들이 담당한 제사장 역할은 하나님이 교회를 부르셔서 거룩한 제사장이 되도록 하실 것을 예견한다.

모세가 시내산에서 하나님의 율법을 받을 때, 이스라엘 백성은 아론에게 금송아지 형상의 우상을 만들라고 한다. 이 사건은 첫 두 계명을 심각하게 어긴 일이었다. 이스라엘 백성은 여호와만 예배해야 했고, 그들도 하나님이 말씀하신 것을 모두 순종하기로 동의했었다. 하지만 그들은 여호와와 맺은 언약 관계를 신속하게 저버리고 하나님의 영광을 소의 형상으로 대체하여 금송아지 앞에 절하는 믿을 수 없는 광경이 벌어진다. 여기서 우리는 이스라엘의 이야기를 통해 완전히 드러나게 될 인간 마음의 충격적인 실체를 본다. 분노하신 하나님은 완고하고 목이 곧은 백성을 멸하겠다는 의도를 밝히신다. 하지만 모세가 개입하고, 은혜를 베푸사 이스라엘의 죄를 용서해 달라고 하나님에게 간청한다. 놀라운 사태 전환이 일어나면서 하나님은 자기 이름을 선포하시며 자신의 영광을 드러내신다. "여호와라 여호와라 자비롭고 은혜롭고 노하기를 더디하고 인자와 진실이 많은 하나님이라"(출 34:6). 하나님의 이름은 YHWH('야훼'로 발음한다)이며, 성경에서는 '여호와'로 옮긴다. 이것이 언약을 맺으시는 하나님의 이름으로, 이 이야기에서 여호와의 성품이 드러난다. 여호와는 잊을 수 없

구약을 읽다
18주 바이블 워크북

는 방식으로 하나님의 자비를 보여 주시면서, 자기 백성을 멸하지 않으시고 언약을 새롭게 하신다.

우리는 여기에서 구약 이야기 내내 알려질 여호와 하나님의 성품을 어렴풋이 본다. 하나님은 은혜로 자기 백성을 여러 차례 구하실 것이다. 심지어 그들이 자신의 죄로 인해 파멸 직전에 놓일 때도 그렇게 하신다. 이 연구를 통해 우리는 은혜와 진리가 풍성하신 예수의 영광을 목격할 것이다. 하나님의 넉넉한 은혜와 용서가 **그분** 안에서 드러나 온 세상이 볼 것이다.

시내 시대

📖 **성경 읽기** 📖

출애굽기 25장, 28장, 34장,
요한복음 1:14-18, 히브리서 4:14-16, 5:1-10, 베드로전서 2:9, 10

묵상을 위한 질문

1   출애굽기 25장을 읽으라. 성막 안에 있는 기구들을 나열하라(잠시 출애굽기 26, 27장을 봐도 좋다). 어떤 재료가 사용되었는가? 각 기구의 기능을 다 말할 수 있는지 보라. 가장 신성한 기구는 무엇이고, 그 이유는 무엇인가?

2   출애굽기 28장을 읽으라. 이 장은 죄악 된 인간이 하나님이 임재하신 곳에 서기 위해서는 엄청난 주의가 필요하다는 사실을 어떻게 입증하는가?

3 당신은 이스라엘과 하나님 사이의 중재자로서 제사장 역할을 어떻게 설명하겠는가?

4 요한복음 1장 14-18절을 읽으라. 예수께서 성막에서 어떻게 미리 암시되었는지 요약하라.

5 히브리서 5장 1-10절을 읽으라. 예수께서는 어떻게 완벽하고 영원한 대제사장이 되시는가?

6 출애굽기 34장을 읽으라. 이스라엘 백성이 금송아지 주위에서 춤을 추고 (출 32장 참고) 하나님의 분노를 자극했다는 점을 고려하면, 출애굽기 34장 6, 7절에서 하나님이 선포하신 내용이 놀랍지 않은가? 이 말씀은 일반적으로 생각하는(그렇지만 부정확한) 야훼에 대한 서술, 즉 구약의 '분노하시는 무서운 하나님'이라는 개념을 어떻게 바꿔 놓는가?

🔲 **하나님의 말씀을 적용하기**

1 성막은 하나님의 하늘 보좌를 반영하도록 고안되었다. 이는 하나님의 임재가 지닌 아름다움에 관해 무엇을 전하는가? 또 모든 영광 가운데 계신 하나님을 바라본다면 과연 어떠할 것인가?

2   베드로전서 2장 9, 10절을 읽으라. 베드로는 어떻게 구약의 성막과 제사
     장의 이미지를 사용하여 다른 사람을 섬기라고 촉구하는가?

3   히브리서 4장 14-16절은 예수께서 우리의 대제사장이시기 때문에 우리
     가 담대하게 하나님의 임재로 나아가 하나님의 자비와 은혜와 도움을 얻
     을 수 있다고 말한다. 다음의 간단한 개요를 사용하여 당신만의 기도문
     을 작성하라.

> 사랑하는 하나님, 나의 구주 예수께서 나의 약함을 이해하시기에
> 당신 앞에 담대히 나아갑니다.
> ＿＿＿＿＿＿＿한 죄를 저지른 저에게 자비를 베풀어 주소서.
> ＿＿＿＿＿＿＿한 영역에서 당신의 은혜를 제게 끼쳐 주소서.
> 저를 도우사 ＿＿＿＿＿＿＿＿＿한 일을 할 수 있게 하소서.

🔍 **연대표와**   ○ 연대표에서 "시내 시대" 부분을 살펴보라.
지도 살피기

                    ○ 두 번째 지도 "애굽에서의 탈출"을 살펴보라. 십계명을 주신 시
                      내산 위치를 확인하라.

⊕ 「**구약을 읽다**」**와**   ○ 3장 "시내 시대" 다음 부분(120-127쪽)을 읽으라.
함께 톺아보기

8

희생 제물을 통한 대속

이제 성막은 완성되고 하나님의 영광으로 가득하다. 이야기는 계속 이어진다. 하나님은 모세에게 이스라엘의 죄를 대속하기 위해 어떤 동물을 제단에서 희생 제물로 드려야 하는지에 관한 지침을 주신다. 레위기 전반에 걸쳐 여호와께서는 자신이 거룩한 하나님임을 드러내신다. 이스라엘의 죄를 생각할 때, 동물 제사는 이스라엘과 여호와의 관계가 유지될 수 있게 하는 수단이다. 이것은 일정 시기에 주신 하나님의 은혜로운 섭리다. 옛 언약 아래에서는 많은 죄가 범죄자의 죽음을 요구하지만, 하나님은 모세에게 그 외의 죄(대부분 의도적으로 저지르지 않은 죄)를 대속하고 의식적 정결을 유지하기 위해 제단에서 드린 동물 제사를 받아 주심을 알리신다. 다섯 가지 주된 제사가 제사장이 드리는 제사 제도의 근간이 되었다. 하지만 오직 흠 없고 점 없는 동물만이 거룩하신 하나님의 요건에 부합할 수 있다. 범죄자의 생명 대신 동물을 제단에 드림으로 하나님의 진노를 피하고 예배자는 하나님과 친교를 누릴 수 있게 된다. 식사를 함께함은 회복된 관계를 실체적으로 입증하는 것이었다.

　속죄일은 해마다 하루를 정해 지켰는데 동물 제사를 통해 민족의 죄를 대속했다. 1년에 하루 속죄일에 오직 대제사장만이 장막 너머 지성소에 들어갈 수 있었다. 대제사장은 성결 의식을 치르고 제사장 복장을 한 후 먼저 자기 죄를 위해 제사를 드리고 그 후에 백성의 죄에 대한 제사를 드린다. 이 의식에서는 동물의 피가 핵심인데, 피가 동물의 생명을 상징하기 때문이다. 의식을 거행하며 이스라엘의 죄와 허물을 맡긴 아사셀(scapegoat, 속죄의 염소)을 광야로 보낸다. 제사 제도는 구약에서 하나님이 이스라엘에 주신 섭리였다. 하지만 궁극적으로는 충분하지 않았다. 염소와 송아지의 피는 결코 죄를 없앨 수 없기 때문이다. 구약의 제사는 앞으로 임할 좋은 것의 그림자에 지나지 않았다. 그렇게 해서 구약의 제사는 우리로 하나님의 흠 없고 점 없는 어린양이신 예수의 오심을 준비시킨다. 예수께서는 속죄 제물이 되셔서 우리가 지은 죄의 형벌을 대신 받으신다. 그 결과 우리는 하나님의 진노를 피하고 하나님과의 교제를 회복한다.

모세는 이스라엘 백성이 시내를 떠날 때 그 수를 헤아린다. 그리고 레위 지파인 게르손, 고핫, 므라리 세 가문에 임무를 배정한다. 레위 지파는 제사장을 돕도록 구별되었다. 그들은 성막 및 언약궤를 포함한 거룩한 기구를 옮길 책임을 졌다. 이스라엘 백성은 드디어 바란 광야에 도착했고, (열두 지파를 대표하는) 열두 명이 40일 넘게 가나안 땅을 정찰한다. 지도자들은 하나님의 약속을 믿고 하나님이 (실제로도 더 강한) 적을 물리치시리라는 사실을 신뢰하지 못하고, 좋지 않은 정찰 보고를 들고 온다. 그러자 사람들은 공포에 사로잡혀 하나님이 약속하신 땅을 점령해야 한다는 여호수아와 갈렙의 권고를 거부한다. 그 결과 이스라엘 백성은 불신앙 때문에 하나님의 심판 아래 40년을 광야에서 방황한다. 그들은 모세가 모압 평야로 인도할 때까지 내내 불평했고, 마침내 그곳에서 약속의 땅에 들어갈 준비를 마친다. 이방 왕과 술사의 맹렬한 저항에 직면했지만 자기 백성을 향한 번복할 수 없는 하나님의 복이 재확인된다. 하지만 이스라엘 백성은 금세 다시 이방 신을 경배한다. 이는 앞으로 다가올 일을 보여 주는 슬픈 암시가 된다. 하나님의 거룩한 분노가 촉발되었지만, 제사장 비느하스가 이스라엘을 대신하여 속죄하면서 하나님의 진노가 멈춘다. 마지막 날이 다가오자 모세는 최후의 권면을 전하려 한다.

📖 **성경 읽기** 📖

레위기 4장, 16장, 민수기 14장,
히브리서 9–10장, 요한계시록 5:11–14

---

1 레위기 4장을 읽으라. 이 제사들은 오늘날 우리에게 섬뜩하게 보이기도 한다. 하지만 제사는 어떻게 죄의 **심각성**과, 죄인 대신 대속물을 준비하신 하나님의 **은혜로움**을 모두 보여 주는가?

2 레위기 16장을 읽으라. 희생 제물의 죽음에 집중하는 이 장에는 하나의 대속물이 나온다. 즉 광야로 보내지는 아사셀이다. 이 장엄한 의식에서 그 염소는 이스라엘의 죄를 지고 공동체에서 죄를 제한다. 속죄일 의식에서 당신은 어떤 상징을 보는가? 아사셀은 예수께서 우리의 죄와 허물을 지신 분으로 우리를 대신하여 행하신 일을 이해할 수 있도록 어떻게 준비되는가?

3 민수기 14장을 읽으라. 이스라엘 백성은 여호수아와 갈렙에게 가나안 땅에 대한 좋은 보고를 들었지만, 다른 열 명의 정탐꾼에게 이와 반대되는

부정적인 보고를 듣고는 애굽으로 돌아가겠다고 울부짖는다. 그들은 심지어 '화풀이를 하려고'(즉, 여호수아와 갈렙을 돌로 치려고) 한다! 누가 하나님의 진노를 멈췄는가? 이 이야기는 예수를 어떻게 예표하는가? 모세는 이스라엘을 위해 무슨 일을 하는가?

시내
시대

4   히브리서 9-10장을 읽으라. 예수께서는 어떻게 "그림자인" 구약 제사의 본질을 놀랍게 성취하셨는가?(특히 히 9:22 참고)

5   히브리서 10장 1-4절을 읽으라. 구약의 제사 제도는 어떤 면에서 빚의 원금은 전혀 줄지 않고 '이자만' 상환하는 방식과 닮아 있는가?

6   히브리서 10장 19-22절을 읽으라. 우리가 하나님의 임재로 **환영받는 것**은 어떻게 (그리고 왜) 레위기 16장 1-7절에서 기술하는 대로 아론이 지켜야 하는 **극도의 주의**와 기막힐 정도로 다른가?

7   요한계시록 5장 11-14절을 읽으라. 예수께서 단 한 번의 영원한 대속 제물이 되심으로 하늘에서 받으실 환영의 음성을 서술하라.

1 최근에 당신이 다른 사람의 소유나 명성에 해를 끼친 일을 생각해 보라. 관계에 생겨난 그 불화를 어떻게 해결했는가? 다른 사람 또는 하나님에게 저지른 죄는 어떤 면에서 '빚'과 같은가?

2 오늘날 "누군가를 희생양으로 삼다"라는 말은 왜 부정적인 표현이 되었는가? 예수께서 기꺼이 우리의 희생 제물이 되신 것은 긍정적인 면에서 어떻게 이 표현과 다른가?

3 당신이 다른 사람을 위해 중재한 때는 언제인가? 어떤 느낌이 들었으며 그 결과는 어떠했는가?

4 당신이 (민수기 14장에서 이스라엘 백성에게 일어난 일처럼) 두렵고 믿음이 없어서 '기회를 놓쳤을' 때 어떤 감정이 들었는가? 하나님이 당신에게 주실 다음 기회를 놓치지 않기 위해 여호수아가 땅을 평가하며 내놓은 계획에 주목하라. 그는 눈으로 본 관찰을 통해 사실 관계를 수집했고, 신뢰할 만한 친구이자 조언자(갈렙)와 의견을 나눈다. 이제 스스로 물어보라. "이 기회를 잡는 것은 하나님이 나에게 명하신 일과 어떻게 조화되겠는가?" 일어날 수 있는 일을 솔직하게 작성하라.

🔍 **연대표와**
　　지도 살피기

○ 연대표에서 "시내 시대" 부분을 살펴보라.

○ 두 번째 지도 "애굽에서의 탈출"을 살펴보라. 이스라엘 백성이 바란 광야에서 가데스 바네아로 향하는 여정을 추적하라. 광야에서 40년을 방황한 후에 그들은 모압 평지에 들어선다. 그리고 요단강을 건너 그 땅에 들어설 준비를 한다.

⊕ **「구약을 읽다」와**
　　함께 톺아보기

○ 3장 "시내 시대"의 다음 부분(127-139쪽)을 읽으라.

여호수아 지휘 아래 앞으로

이스라엘 백성은 요단강 동편 모압 평지에 집결한다. 이제 그들은 아브라함과 이삭과 야곱에게 약속된 땅에 들어설 참이다. 모세는 그들의 역사를 다시 들려주며 하나님이 그들을 위하여 행하신 모든 일을 상기시킨다. 모세는 새로운 세대에게 율법을 자세히 풀어 주며 십계명과 다른 율법들을 재차 확언한다. 모세는 그들을 사랑하시고 선택하셔서 그분의 백성이 되게 하신 여호와 하나님과 그들이 언약 관계에 있음을 상기시킨다. 따라서 그들은 온 마음을 다하고 목숨을 다하고 뜻을 다하여 여호와를 사랑하고 신실하게 섬겨야 한다. 모세는 그들에게 여호와를 기억하고 그분이 행하신 모든 일을 잊지 말라고 권고한다. 그들은 이방 신들을 예배하지 말아야 한다. 오히려 이방 신의 제단과 형상을 무너뜨려야 한다. 일곱 족속은 혐오스러운 행위로 그 땅을 더럽혀 하나님의 심판 아래 놓이고 말았다. 이스라엘 백성은 하나님이 주신 거룩하고 의로운 율법을 따라야 한다. 언약 공동체의 특징은 정의와 공의다. 하나님의 백성은 하나님이 모두에게 충분한 자원을 공급하셨다는 사실을 인정하고 그들 가운데 있는 가난한 자, 과부, 고아, 나그네를 돌봐야 한다. 언약 협정에 따르면 하나님은 자기 백성이 율법에 순종하면 복을 주시고 불순종하면 저주를 내리신다.

또 여호와께서는 그들 중에 계시는 강한 전사가 되어 이스라엘보다 먼저 가서서 그들을 위해 싸우기로 약속하신다. 하지만 모세는 그들에게 여호와를 버리고 다른 신을 따르면 그들이 기필코 그 땅에서 멸망할 것이라고 경고한다. 모세는 만년에 낙심되는 소식을 접한다. 이스라엘이 여호와를 떠나 다른 신을 예배한다는 내용이다. 그렇다면 그들은 적군에게 패하고 끌려갈 것이다. 하지만 하나님은 자기 백성이 돌아오면 그들을 회복하고 다시 그 땅에 부르겠다고 약속하신다. 회복은 내적인 마음의 변화를 포함할 것이며, 하나님의 백성은 자신의 하나님인 여호와를 사랑하게 될 것이다. 이것이야말로 하나님이 자기 백성에게 의도하신 풍성한 삶이다. 단지 그들은 죽음 대신 생명을 선택하기만 하면 된다. 모세의 마지막 때가 가까워지면서 여호수아는 이스라엘의 새로운 지도자로 임명받는다.

여호수아는 여호와께서 함께하신다는 굳건한 확신과 함께, 강하고 담대하라는 권면을 받는다. 그가 주의 깊게 하나님의 율법을 따른다면 모든 일에 성공할 것이다. 여호와께서는 모세와 맺은 출전 조건에 따라 이스라엘 대신 싸우신다. 하지만 이스라엘은 하나님이 약속한 것을 이루신다는 사실을 신뢰하고 믿어야만 한다.

라합이라는 이방 여성은 담대하게 이스라엘의 정탐꾼들을 도와 하나님에 대한 믿음을 보여 준다. 그리고 그와 가족은 이스라엘의 구성원이 된다. 여호수아는 언약궤를 앞세워 성공적으로 백성을 이끌고 요단강을 건넌다. 여리고를 기적적으로 무찌른 이후에도 그 땅의 정복 작전은 중부 지역으로 이어진다. 비록 아이와 같은 치명적인 차질도 있었지만 말이다. 기브온에서 지역 군주들의 저항에 직면한 여호수아는 하나님의 도우심으로 그들을 물리친다. 정복 활동은 남부와 북부 군사 작전으로 계속되며 이방 왕들을 물리친다. 마침내 그 땅은 열두 지파에게 분배되고, 레위 지파가 거주하는 성들도 배정된다. 하지만 정복은 미완성이었다. 이방 민족들이 이스라엘 백성 사이에서 계속 살고 있었기 때문이다. 마지막 날이 가까이 오자 여호수아는 이방 신을 버리고 여호와만을 섬기라고 경고한다.

백성들은 세겜에서 언약을 갱신하지만, 여호수아의 죽음 이후 상황은 악화된다. 이스라엘 백성은 여호와를 따르던 모습에서 신속하게 이탈한다. 그들은 다른 나라들의 습관을 들여오고 그들의 신을 예배한다. 하나님은 그들을 불쌍히 여기셔서 백성들이 자신에게 부르짖으면 (사사로 알려진) 구원자를 일으키신다. 하지만 우상 숭배와 불신앙의 끈질긴 악순환은 계속된다. 이때에는 왕이 없었지만, 베들레헴이라는 작은 마을에서 희망이 나타날 것이다. 유다의 자손으로 한 아들이 태어날 것이다.

📖 **성경 읽기** 📖
신명기 4장, 15장, 여호수아 1장, 24장,
히브리서 4장, 11:30-34

---

1 신명기 4장 1-8절을 읽으라. 이스라엘에 주신 이 교훈은 창세기 12장 2, 3절에서 개술한 하나님의 사명과 어떻게 합치되는가?

2 신명기 4장 9-40절을 읽으라. 모세는 이스라엘 백성이 가나안에 들어가서 어떤 계명을 어길 것을 가장 두려워하는가? 왜 이 '관문 죄'(gateway sin)가 또 다른 죄를 인도한다고 생각하는가?

3   신명기 15장을 읽으라. 이스라엘 공동체를 향한 하나님의 명령은 어떻게 가난한 자에게 필요한 것을 공급하고, 빚과 노예 상태라는 하향 나선을 멈추며, 너그러움과 정의를 북돋고, 땅에 생태학적 회복을 주는가?

4   여호수아 1장을 읽으라. 지난 40년 동안 이스라엘의 해방자이자 목자였던 모세가 죽는 순간, 여호수아는 어떤 감정이었을 것 같은가? 하나님이 여호수아에게 반복해서 주시는 확신을 기록하라.

5   여호수아 24장 14, 15절을 읽으라. 여호수아의 고전적이면서도 위엄 있는 연설은 세월과 무관하게 영원한 진리다. 밥 딜런의 노래 가사처럼 "당신은 **누군가를** 섬기게 되어 있다"(You're gonna serve somebody). 당신에게 그 '누군가'는 누구인가? 왜 여호수아는 이스라엘 백성에게 그토록 분명히 이 말을 했는가?

6   여호수아 24장 31절을 읽으라. 여호수아의 영향력과 이스라엘 백성에게 한 권면은 오랜 기간 지속적으로 야훼에 대한 충성을 낳았는가? 하나님 백성의 각 세대는 왜 하나님을 새롭게 경험하고 하나님에게 헌신하기로 서약해야 하는가?

7 히브리어 이름 '여호수아'는 '여호와가 구원이시다' 또는 '여호와가 구원하시다'라는 뜻이다. '예수'는 이 히브리어 이름을 헬라어로 옮긴 것이다. 여호수아의 **군사** 작전과 예수의 **사역** 작전은 어떤 면에서 유사한가? 또 어떤 면에서 다른가?

하나님의
말씀을
적용하기

1 신명기 4장 9, 10절을 읽으라. 다음 세대에게 하나님을 알게 하고 하나님이 어떻게 인간에게 복을 주셨는지 이해하도록 돕는 방법은 무엇인가? 당신은 다음 세대가 예수를 통해 하나님을 개인적으로 경험하도록 어떻게 도울 수 있는가?

2 신명기 4장을 읽으라. 우상이 위조된 '신'이라면, 당신이 투쟁하고 있는 우상은 무엇인가?

3 신명기 15장을 읽으라. 강조된 내용에 주목하라. 다른 사람을 속박에서 자유롭게 해주는 것은 하나님이 주신 복이 흘러넘치기 때문이다. 당신에게 베풂은 어떻게 복이 되었는가? 그리고 어떻게 당신은 다른 이에게 베풀 수 있는가?

구약을 읽다
18주 바이블 워크북

4   여호수아 이야기는 모험의 여정이다. 위험을 감수하고 용감하게 앞으로
     나아가 좋은 것을 차지하여 다른 이에게 베푸는 것이다. 하나님과 **당신의**
     관계에서 모험적인 요소는 무엇인가? 그러한 요소가 없다면 어떻게 발견
     할 수 있는가?

🔍 **연대표와**   ○ 연대표에서 "시내 시대" 부분을 살펴보라.
   지도 살피기

                    ○ 세 번째 지도 "지파들에게 분배한 땅"을 살펴보라. 열두 지파(레
                      위 지파는 지파별로 흩어졌기 때문에 여기에 포함되지 않는다.
                      요셉은 두 아들 에브라임과 므낫세로 나타난다)를 확인하라.

⊕ 「**구약을 읽다**」와   ○ 3장 "시내 시대" 마지막 부분(139-149쪽)을 읽으라.
   함께 톺아보기

10

하나님이 기름 부으신 왕

이스라엘의 이야기는 사무엘이라는 어린 소년 이야기로 이어진다. 그는 어머니가 마음을 다해 드린 기도의 응답으로 태어난다. 사무엘은 이스라엘의 하나님을 섬기는 선지자로 구별되었으며, 엘리 제사장이 그를 양육한다. 성막은 실로에 있었는데, 엘리와 두 아들 홉니와 비느하스가 제사장으로 섬긴다. 하지만 하나님은 사무엘을 부르셔서 제사장직을 타락하게 만든 엘리의 아들들에게 내릴 심판을 선포하신다. 이스라엘 백성은 블레셋에 최악의 패배를 당하고, 언약궤도 전리품으로 빼앗기고 만다. 사무엘은 이스라엘 백성에게 속히 회개해야 한다고 말하면서 우상 숭배하는 그들을 꾸짖는다. 이스라엘은 이방 신상을 버리고 아스다롯을 제하고 여호와만을 섬겨야 한다! 사무엘이 그들을 위하여 여호와께 기도하고 블레셋은 진압된다.

이스라엘 백성은 사무엘에게 한 사람을 왕으로 세워 다스리게 해달라고 요청한다. 문제 많은 이 요청에도 하나님은 자기 백성에게 원하는 바를 주신다. 그리고 사울이라는 군인이 왕으로 선정된다. 하지만 그의 왕위는 오래가지 못한다. 그는 하나님의 명령에 순종하지 않고 여호와를 찾지도 않았기 때문이다. 사울이 여전히 왕좌에 있을 때 하나님은 사무엘에게 베들레헴에 있는 이새의 집을 찾아가라고 하신다. 하나님이 다윗을 기름 부은 왕으로 선택하셨기 때문이다. 하나님의 영이 이 어린 목동에게 임하고, 그는 하나님의 도우심으로 골리앗이라는 블레셋 사람을 기적적으로 무찌른다. 사울은 질투에 불타 다윗을 죽이려고 끈질기게 추격한다. 다윗은 필사적으로 도망 다니며 동굴에 숨거나 광야를 배회한다. 하지만 그는 이 어려운 시절을 지내며 여호와를 신뢰하고 여호와 안에 피난하는 법을 배운다. 하나님은 다윗과 함께하시고, 그에게 힘주시며 그를 지키신다. 그리고 왕국이 세워지는데, 외국인도 다윗의 군대로 계수된다. 하나님이 정하신 때에 사울은 블레셋과 벌인 맹렬한 전투 중에 죽고 그의 시신은 잔인하게 훼손되어 전리품으로 전시된다. 이 사건은 하나님이 왕국을 다윗에게 넘기셨음을 상징한다.

처음 7년 동안 다윗은 유다의 왕으로 다스리고, 사울의 아들 이스보셋이 이스라엘을 다스린다. 정치적으로 불안한 시기가 지나가고 마침내 다윗이 온 이스라엘의 왕이 된다. 그는 예루살렘을 차지한 후에 하나님을 위해 성전을 지을 계획을 세운다. 하지만 나단 선지자는 다윗이 성전을 건축할 수 없다는 계시를 받는다. 하나님은 다윗에게 그의 아들 중 하나를 일으켜 세우실 것이고, 그가 하나님의 영원한 왕국을 다스릴 것이라고 약속하신다. 그의 아들이 성전을 지을 것이고, 하나님이 그의 왕위를 영원히 세우실 것이다. 하나님은 다윗이 낳은 아들의 아버지가 되겠다고 약속하시고, 그의 아들은 하나님의 아들로 인정될 것이다. 그에게 나라들이 유업으로 주어지고, 그의 통치는 세상 끝까지 확장될 것이다.

우리는 이 연구를 통해 하나님이 다윗과 맺으신 언약은 오실 메시아이신 하나님의 아들을 내다보는 내용임을 배우게 될 것이다. 죽어서 땅에 묻힌 다윗과 달리 이스라엘의 거룩하신 분은 썩지 않으신다. 다윗에게 하신 약속을 성취하기 위해 하나님이 그분을 죽은 자 가운데서 다시 일으키시기 때문이다. 예수께서는 다윗 왕조로 오신다고 약속된 왕이다. 하나님이 기름 부으시고 사랑하시는 아들로서 하나님의 영원한 왕국을 통치하신다.

10주
하나님이 기름 부으신 왕

나단 선지자는 다윗이 밧세바와 간음하고 우리아를 죽인 일을 폭로하는데, 이때 다윗은 자격 없는 자에게 베푸시는 풍성한 하나님의 은혜를 경험한다. 그는 여호와께 자신의 죄를 고백하고 하나님에게 용서받는 복을 누린다. 계속되는 군사적 승리 뒤에 다윗은 왕국을 굳건히 하고 성전 지을 준비를 한다. 그는 아들인 솔로몬에게 전심으로 여호와를 섬기라고 명한다. 레위 지파는 게르손, 고핫, 므라리 가문에 따라 성전에서 섬기고 예배하며 성회를 인도하는 임무를 받는다. 다윗은 모든 것이 하나님이 주신 것임을 인정하고 하나님에게 감사하며 성전 건축을 위해 자신의 금과 은을 아낌없이 내놓는다. 자기 세대에 하나님의 목적을 이루기 위해 진력한 다윗은 죽고 그의 아들 솔로몬이 왕이 된다.

📖 **성경 읽기** 📖

사무엘하 5장, 7장, 역대상 29장, 시편 2편,
마태복음 2:1-6, 13-16, 누가복음 1:32, 33, 사도행전 2:24-38, 13:22-39

1   "사울 왕은 사람의 투영이지만, 다윗은 구주의 실루엣이었다." 이 진술을 깊이 생각해 보고, 어떤 면에서 참이라고 생각하는지 답하라.

2   사무엘하 5장을 읽으라. 다윗은 마침내 온 이스라엘의 왕이 된다. 하지만 그는 이미 슈년 전에 사무엘에게 기름 부음을 받았다는 사실을 기억하라(삼상 16장 참조). 그 중간에 다윗이 겪은 힘든 시기는 하나님이 이 젊은 이를 빚어내기 위해 사용하신 '훈련장'이라고 할 수 있다. 이 어려운 시기

에 다윗의 성품과 지도력, 하나님과 친밀한 관계가 형성된다. 이는 다윗이 이스라엘의 왕으로 다스릴 때 큰 도움이 된다. 이 사실은 하나님이 일하시는 방식에 대해 무엇을 나타내는가?

3   사무엘하 5장 12절을 읽으라. 이 구절에서 다윗의 어떤 기질이 가장 빛나는가? 하나님이 다윗을 선택하신 일은 어떻게 하나님이 품으신 더 큰 목적의 일부가 되는가?

4   사무엘하 7장을 읽으라. 다윗은 하나님에게 집을 지어 드리기 원하지만, 하나님은 오히려 다윗에게 '집'을 지어 주겠다고 약속하신다. 하나님은 어떤 종류의 집을 지으실 것인가? 하나님이 다윗에게 하신 약속을 나열하라(9-16절).

5   역대상 29장을 읽으라. 왕은 대부분 자신의 부를 이용하여 자신의 영광을 위해 큰 건물을 짓고자 한다. 이 장은 다윗이 다른 부류의 왕임을 어떻게 보여 주는가?

6 마태복음 2장 1-6, 13-16절과 누가복음 1장 32, 33절을 읽으라. 예수께서 다윗의 자손으로 나신다는 예언이 지니는 의의는 무엇인가? 헤롯 왕이 예수께 행한 방식과 사울 왕이 다윗을 대한 방식은 어떤 점에서 유사한가?

7 사도행전 2장 24-38절을 읽으라. 베드로가 인용한 다윗의 시편은 예수를 어떻게 가리키는가? 그의 메시지는 어떻게 유대인 청중의 마음에 예수에 대한 죄를 깨닫게 했는가?

8 사도행전 13장 22-39절을 읽으라. 바울은 유대인들에게 예수에 관한 설교를 하면서 어떻게 다윗의 삶과 증언을 활용하는가?

하나님의 말씀을 적용하기

1 하나님은 사울의 질투에서 비롯된 다윗의 '훈련장' 기간을 사용하여 다윗을 하나님께 온전히 헌신한 지도자로 빚어 가신다. 하나님이 당신의 삶에 역경을 주심으로 당신을 더 좋은 모습으로 빚어 나가신 일은 무엇인가?

2   다윗 왕은 우선 여호와께 먼저 드리고, 그 후에 다른 사람도 자신과 함께하도록 했다. 당신은 어디에서 당신의 베풂을 통해 다른 사람도 베풀게 만들 수 있겠는가?

3   다윗의 이야기를 연구함으로 어떤 면에서 예수의 탄생 이야기에 대한 이해가 더 깊어졌는가?

왕정 시대

🔍 **연대표와 지도 살피기**

   ○ 연대표에서 "왕정 시대" 부분을 살펴보라.

   ○ 네 번째 지도 "통일 왕국"을 살펴보라. 다윗 시대에 확장된 왕국(파란색)을 확인하고, 사울이 다스리던 왕국(빨간색)과 비교하라.

⊕ **「구약을 읽다」와 함께 톺아보기**

   ○ 4장 "왕정 시대 : 통일 왕국" 첫 번째 부분(151-180쪽)을 읽으라.

솔로몬이 성전을 짓다

아버지 다윗이 죽고 아들 솔로몬이 왕이 된다. 하지만 정적들이 죽임을 당하면서 그의 왕위 계승 과정은 불안으로 얼룩진다. 솔로몬은 통치를 시작하며 하나님이 다윗에게 주신 약속을 성취하시려고 자신을 왕으로 정해서 이스라엘을 다스리게 하셨다는 사실을 인정한다. 솔로몬은 하나님에게 기도하며 하나님의 백성을 잘 인도하도록 지혜와 지식을 달라고 구한다. 하나님의 복 아래에서 왕국은 번성하고 영토 전역에 행정 구역이 설립된다. 솔로몬은 값비싼 금과 은을 엄청나게 축적하고 애굽과 아나톨리아 남부에서 값비싼 말을 수입한다.

솔로몬은 20년이 넘는 엄청난 규모의 건축 사업에 착수하는데, 예루살렘에 자신의 궁전과 웅장한 성전을 건축한다. 무수히 많은 징집 노동자가 거대한 석재를 캐내어 예루살렘으로 이송한다. 지중해 연안에 사는 페니키아 해상 무역상들이 귀한 레바논의 삼나무를 화물선으로 실어 보낸다. 값비싼 금 용기와 정교하게 장식한 신성한 기구가 성전을 채운다. 화려하게 염색한 천이 신성한 공간을 꾸민다. 거대한 청동 제단 위에는 이스라엘 제사장들이 수많은 희생 제물을 바친다. 7년이라는 오랜 시간 후에 마침내 성전이 완공된다. 그리고 레위 지파는 언약궤를 지성소로 옮기는 신성한 과업을 부여받는다. 엄청난 기쁨과 기념행사 속에 하나님의 영광스러운 임재가 성전을 채운다. 이 순간은 분명히 하나님 백성의 역사에서 가장 좋은 시기다.

이 큰 기쁨의 순간, 솔로몬은 봉헌 기도를 드리며 제단 앞 높이 들린 단에 올라 무릎을 꿇고 두 손을 든다. 저 위 하늘 보좌에 앉으신 여호와께서 자기 백성 사이에 거하기로 하셨다니 얼마나 놀라운 일인가! 솔로몬은 여호와께서 신실하게 약속을 이루시고 다윗과 맺은 언약을 지키셨음을 감사한다. 그는 기도 중에 하나님의 백성이 죄를 저지를 때 일어날 수 있는 부정적인 상황을 언급한다. 하지만 그런 때에라도 그들은 기도하고, 죄를 고백하며 여호와께 돌아가야 한다. 솔로몬은 하나님이 하늘에서 들으시고 용서해 주시기를, 그리고 자기 백성을 그 땅으로 다시 돌아오게 해주시기를 간청한다. 심지어 이방인들도 여호와께 기도하고 용서를 구할 수 있다. 그러자 하나님은 솔로몬에게 자기 백성이 기도하며 자신의 얼굴을 구하고 악한 길에서 돌아서면, 그들의 소리를 들으시고 죄를 용서하시며 그들의 땅을 고칠 것이라고 약속하신다. 하나님은 솔로몬에게 그의 왕국이 오래갈 것이지만, 하나님의 명령을 들을 때에 그러리라고 경고하신다. 왕이 여호와를 버리고 다른 신을 섬기면 분명히 곧 심판이 있을 것이고, 성전은 폐허가 될 것이다.

솔로몬은 계속 왕국을 확장하여 도시를 건축하고 요새화했으며, 말과 병거와 마병을 모으고, 금을 많이 축적하여 이국적인 동물까지 수입한다. 그는 스바 여왕의 방문이라는 명예를 얻었는데, 여왕은 멀리서부터 그의 지혜를 듣고자 어마어마한 규모의 수행단을 이끌고 찾아왔다. 솔로몬의 부는 계속 늘어나고, 먼 지역까지 명성이 퍼지면서 여러 나라에서 넘치도록 공물이 흘러들어온다. 하지만 솔로몬은 이방 신을 섬기는 많은 이방 여인을 아내로 둔다. 비극적이게도 솔로몬 역시 만년에 우상을 숭배하며 아스다롯, 밀곰, 그모스, 몰렉과 같은 신을 섬긴다. 솔로몬이 여호와를 버리고 율법을 따르지 않았기 때문에 왕국은 그에게서 떨어져 나간다. 하나님은 다윗과 하신 약속 때문에 은혜를 베푸사 유다 지파를 보존하신다. 그리고 성전도 이후 수백 년간 유지된다. 하지만 주전 586년에 비극적으로 파멸하고 만다.

우리는 이 연구를 통해 하나님이 다윗의 의로운 아들을 일으키셔서 하나님의 영원한 왕국을 다스리게 하신다는 사실을 배울 것이다. 가장 중요한 머릿돌이신 예수께서는 **살아 있는** 성전을 지으실 것이고, 그 성전은 예수의 영이 거하시는 살아 있는 돌들로 지어질 것이다. 솔로몬이 지은 성전은 앞으로 임할 좋은 것의 그림자에 지나지 않다.

📖 **성경 읽기** 📖

열왕기상 11장, 역대하 1장, 6–7장,
고린도전서 3:16, 17, 베드로전서 2:4–10, 요한계시록 21:22–27

---

1   역대하 1장 7-12절을 읽으라. 솔로몬의 기도에서 어떤 부분이 당신에게 가장 와닿는가?

2   역대하 6장을 읽으라. 솔로몬은 이스라엘 백성이 어떤 상황을 겪든 상관없이 어떻게 그들의 관심을 하나님에게로 집중시키는가?

3   역대하 7장을 읽으라. 하나님의 영광스러운 임재가 새롭게 건축된 성전을 채운다. 그러자 밤에 하나님이 솔로몬에게 나타나신다. 역대하 7장

11-16절에서 하나님이 솔로몬에게 주신 응답은 우리에게 기도를 무엇이라고 알려 주는가? 그리고 하나님 앞에서 **우리의** 태도가 어떠해야만 한다고 말해 주는가?

4   하나님이 솔로몬에게 하신 약속은 성전에 관한 엄한 경고로 마무리된다 (대하 7:17-22 참조). 이스라엘 백성이(그리고 그들의 왕이) 하나님을 버리고, 하나님의 법도와 명령에 불순종하고 다른 신을 섬길 때 이 성전은 어떤 고난을 받게 되는가?

5   열왕기상 11장을 읽으라. 어떤 면에서 솔로몬은 잘 마무리하지 **못했는가?** 하나님은 그 결과로 어떻게 왕을 벌하셨는가?

6   고린도전서 3장 16, 17절을 읽으라. 그리스도 안에서, (그리스도인 공동체 안에 있는) **당신이** 지금 하나님의 성전이라는 사실을 깨달을 때 어떤 감정이 일어나는가? 오늘날 믿는 자 안에 거하시는 하나님의 임재는 어떤 면에서 예루살렘 성전을 채운 하나님의 임재와 다른가? 또는 같은가?

7   베드로전서 2장 4-10절을 읽으라. 예수께서 지으신 신령한 집을 묘사하

며 베드로가 언급하는 신성한 임무와 (예루살렘 성전을 본떠 만들어진) 신성한 사물을 열거하라.

8 요한계시록 21장 22-27절을 읽으라. 천국에는 왜 성전이 없는가? 이 사실은 성전의 목적에 관해 무엇을 말하는가? 또 하나님의 백성에게 앞으로 임할 일에 대해서 전하는 바는 무엇인가?

하나님의
말씀을
적용하기

1 지혜를 구한 솔로몬의 기도(역대하 1장 7-12절을 다시 살펴보라)를 이번 주 당신이 매일 드리는 기도에 활용하고, 당신의 경험을 함께 공부하는 성경 공부 모임 또는 소그룹에서 나눌 준비를 하라.

● 과거에 하나님이 베푸신 섭리를 인정하라.
● 하나님이 (가족, 직장, 교회 사역 안에서) 당신의 삶에 맡겨 주신 일에 감사하라.
● 당신이 직면한 도전을 파악하라.
● 당신이 책임을 완수하는 데 도움이 될 만한 것들을 하나님에게 구하라.

2 **신성한 공간**이라는 개념을 몇 분간 묵상하라. 그것은 무엇이며 하나님이 당신과의 관계에서 그것을 어떻게 사용하시는가? 당신의 교회에 신성한

공간이 있다면 어디이며, 그 공간은 당신에게 무슨 의미가 있는가?

3   다윗의 '계승 계획'은 탁월했다. 그래서 솔로몬은 초기에 성공할 수 있었
    다. 하지만 솔로몬의 계승 계획은 조악했고 아들과 미래 세대에 재앙의
    씨를 뿌렸다. 당신의 가족, 일, 사역에서 다음 세대를 위한 계승 계획은
    무엇인가? 다윗을 따르고 솔로몬의 실수를 피하기 위한 방안을 기록해
    보라.

	나는 다윗처럼 ⋯⋯하겠다	나는 솔로몬처럼 ⋯⋯하지 않겠다
영적 생활		
베풂 vs. 소비와 과시		
정직하고 고귀한 일을 준비함		

🔍 **연대표와 지도 살피기**	○ 연대표에서 "왕정 시대" 부분을 살펴보라.
	○ 네 번째 지도 "통일 왕국"을 살펴보라. 솔로몬이 통치할 때 왕국이 얼마나 확장되었는지 확인하라.
⊕ 「**구약을 읽다**」와 함께 톺아보기	○ 4장 "왕정 시대 : 통일 왕국" 마지막 부분(180-189쪽)을 읽으라.

12

왕국 내 반역

아버지인 솔로몬이 죽고 아들인 르호보암이 왕이 된다. 하지만 그는 어리석은 조언을 들었고, 이는 왕국의 분열로 이어진다. 열 지파는 다윗 가문에 반역을 일으켜 여로보암이라고 하는 군인의 지도 아래 북쪽으로 이동한다. 그리고 여로보암은 그들의 첫 왕이 된다. 그는 이스라엘 북 왕국에 우상 숭배를 확립하여 두 개의 금송아지를 만들고 뻔뻔하게도 이스라엘의 신이라고 선포하고는 단과 벧엘에 예배 장소를 세운다. 아히야라는 선지자가 그에게 심판을 선포한다. 하나님은 여로보암에게서 왕국을 찢으실 것이다. 그가 사람이 주조한 형상을 예배함으로 하나님의 노를 촉발했기 때문이다. 여로보암과 그의 일가는 완전히 말살되지만, 금송아지들은 이후 200년 동안이나 유지된다. 이 사실은 여호와와 이스라엘이 맺은 언약 관계가 지독할 정도로 파괴되었음을 나타낸다. 그들은 자신의 창조주를 예배하기는커녕, 하나님과 인간의 관계를 왜곡하고 자신이 만들어 낸 형상에 절을 한다. 북 왕국은 우상 숭배와 신실하지 못함으로 가득했지만, 하나님은 자비를 베푸셔서 선지자들을 일으켜 자기 백성이 돌이키도록 부르신다.

아합이 왕이 되고 이세벨이라는 여성과 결혼하면서 북 왕국은 우상 숭배로 더 깊이 빠져든다. 그는 사마리아에 바알 신전을 건축했고, 그가 통치하는 동안 아세라 여신 숭배가 광범위하게 퍼진다. 놀랍게도 바알 선지자는 450명이나 되었고 아세라 선지자도 400명에 달한다. 하지만 하나님은 **자신의** 선지자 엘리야를 일으키신다. 엘리야는 아합과 그의 아들에게 내리는 하나님의 심판을 선포하고 이스라엘에게 다시 여호와께 돌아오라고 외친다. 갈멜산에서 여호와께서는 자신만이 하나님임을 드러내시고, 바알의 거짓 선지자들은 죽임을 당한다. 이세벨이 나봇이라는 죄 없는 사람의 죽음을 은밀하게 조장하면서 죄는 지속된다. 하나님은 아합이 아람 사람과 싸우다가 치명적인 부상을 입게 하시며, 아합에게 심판을 내리신다. 그의 몸은 사마리아로 이송되었고, 흉측하게도 개들이 그의 병거에서 흘러나오는 피를 핥는다. 이세벨도 섬뜩한 종말을 맞이하고, 예후 왕은 아합의 아들 칠십 명에게 심판을 내린다. 죄가 만연하고, 그 결과는 치명적이다.

주전 8세기, 하나님은 호세아와 아모스 선지자를 일으키신다. 그들은 이스라엘이 회개하고 여호와께 돌아가지 않으면 하나님의 심판 아래 놓일 것이라고 선포한다. 호세아는 깊이 뿌리내린 우상 숭배의 죄를 지적한다. 그가 외도하는 아내와 결혼한 일은 하나님이 신실하지 못한 이스라엘과 맺은 언약을 상징한다. 그리고 그들의 세 자녀는 앞으로 임할 심판의 증거가 된다. 하나님의 백성은 다른 신들("정부들"[lovers])을 예배함으로 여호와를 버린다. 호세아는 진심 어린 연민으로 하나님에게 돌아오라고 이스라엘에 호소한다. 하지만 그들은 회개하기를 거부한다. 아모스 선지자도 여호와께 돌아오라고 부르짖는다. 그는 공의와 정의를 실행하지 않는 그들을 꾸짖는다. 이스라엘은 가난하고 궁핍한 자들을 희생시키며 자신의 부유함을 쌓는다. 그들은 율법이라는 하나님의 윤리 기준을 인정하지 않고 그들 중에 가장 약한 자들을 착취한다. 이스라엘은 선지자들의 말에 주의를 기울이기는커녕 목이 뻣뻣하여 회개하기를 거부한다.

마침내 하나님은 앗수르 군대를 일으켜 북 왕국을 침공하게 하시고, 3년의 포위 공격 끝에 주전 722년 사마리아가 함락된다. 앗수르 사람들은 하나님의 백성을 포로로 잡아가고, 이방인들이 사마리아와 여타 고을에 정착한다. 이 사건은 북부 지파가 혼합되었음을 의미하며, 이로써 종교 혼합주의가 뒤따른다. 하지만 북부 지파들에게 희망이 완전히 사라진 것은 아니다. 이스라엘을 회복하겠다는 하나님의 비전에는 모든 지파가 포함되기 때문이다. 남 왕국의 이야기 내내, 그리고 심지어 포로기 이후에도 북부 사람이 유다와 합쳐 하나의 하나님 백성이 된다는 희망의 조짐이 보인다.

📖 **성경 읽기** 📖

열왕기상 14:7–20, 15:25–30, 16:29–34, 열왕기하 9:1–13, 17장, 호세아 1:1–11,
누가복음 10:29–37, 요한복음 4:3–30

1 열왕기상 14장 7-20절을 읽으라. 아히야가 열거한 여로보암의 죄를 나열하라(왕상 11:25-33도 참조).

2 열왕기상 15장 25-30절을 읽으라. 나답을 살해한 사건으로 피로 더럽혀진 북 왕조의 역사가 시작된다. 구약 성경 연대표에서 "왕정 시대" 부분을 찾아 북 왕국에 있는 '검'(암살)의 개수와 남 왕국에 있는 '검'의 개수를 비교하라. 이 비교를 통해 무엇을 추측할 수 있는가?

3   열왕기상 16장 29-34절을 읽으라. 아합은 북 왕국의 중요하고 강력한 왕이었다. 그의 통치는 북 왕국의 영적 풍조를 이해하는 데 어떤 도움이 되는가? 그리고 왜 우리에게는 보좌에 앉으신 의로운 왕이 필요한가?

4   열왕기하 17장 1-41절을 읽으라. 두 핵심 영역에 집중하여 우상 숭배의 죄를 가리키는 구절들을 분류하라.

　　○ 우상 숭배가 유일하신 참 하나님에게 드려야 마땅한 경배를 무가치한 대상에 드리는 것임을 가리키는 구절은 무엇인가?

　　○ 우상 숭배가 그 백성을 **천하게 만들어** 사회를 **퇴보시킨다**는 사실을 가리키는 구절은 무엇인가?(예를 들어, 종교 매춘, 아동 인신 제사, 특히 힘과 부를 우상화하여 가난한 자와 빈궁한 자를 멸시함)

5   호세아 1장 1절-2장 1절을 읽으라. 호세아의 아내 고멜은 세 자녀를 낳았는데 하나님은 이스라엘에게 앞으로 내릴 심판을 경고하기 위해 마음을 아프게 하는 이름을 주신다. 그들의 이름이 지닌 의미는 무엇이며, 하나

님이 북 왕국 거주자들에게 주시는 미래의 희망은 무엇인가?

자녀의 이름	의미
이스르엘(4절)	
로루하마(6절)	
로암미(9절)	
암미, 루하마(1:10-2:1)	

6 누가복음 10장 29-37절을 읽으라. 선한 사마리아인의 비유는 사마리아인(예전에 북 왕국으로 알려진 지역의 거주민)에 대한 예수의 평가와 **선교적** 사고방식을 보여 준다. 사마리아인을 "네 이웃을 네 몸과 같이 사랑하라"는 말씀을 구현한 사람으로 내세운다는 것은 예수께 어떤 의미였을까?

7 요한복음 4장 3-30절을 읽으라. 이 이야기는 예수께서 우물가에서 어느 사마리아 여인을 만나는 내용이다. 예수께서 그 여인을 하나님에게로 이끌기 위해 얼마나 많은 인종, 종교, 성별의 장벽을 돌파하셔야 했는가?

8 한 발 뒤로 물러나 하나님의 구원 이야기라는 큰 그림을 묵상하라. **타락한** 북 왕국의 왕들은 어떻게 공의와 정의로 하나님의 영원한 왕국을 다스리실, 다윗 왕조에서 나올 한 **의로운** 왕에 대한 기대감을 조성하는가?

1 북 왕국 문화에 내재된 우상 숭배의 죄는 타락한 세대를 만들어 냈고 하나님의 심판을 초래한다. 우리 사회가 어려워하고 있는 지긋지긋한 죄는 무엇인가?

2 하나님은 호세아 선지자를 이스라엘에 보내 다시 여호와께 돌아오라고 부르신다. 하나님은 믿는 자들을 사용하여 우리 삶을 바르게 하신다. 동료 신자가 당신을 질책하거나 바로잡아 준 적이 있는가? 그때 당신의 반응은 어떠했는가?

3 우상 숭배의 역사에도 불구하고 북 왕국은 하나님의 구속 목적에서 벗어나 있지 않았다. 유대의 북부 지방에서 사마리아 여인을 만나신 예수의 이야기는 예수의 구속 범위 바깥에 있는 자는 아무도 없다는 것을 보여 준다. 어떻게 이 이야기가 우리와는 다른 사람들에게 복음을 전하려는 우리에게 힘이 되는가?

🔍 **연대표와 지도 살피기**	○ 연대표에서 "왕정 시대" 부분을 살펴보라.
	○ 다섯 번째 지도 "분열된 왕국"을 살펴보라. 파란색으로 된 남 왕국과 빨간색으로 된 북 왕국을 확인하라. 사마리아, 단, 벧엘과 같은 북 왕국 도시를 확인하라.
	○ 여섯 번째 지도 "앗수르와 바벨론 제국"을 살펴보라. 앗수르 제국의 방대함에 주목하라. 포로들은 앗수르를 향해 동쪽으로 이송되었고 이방인들이 사마리아로 들어왔다.
✦ 「**구약을 읽다**」와 함께 톺아보기	○ 5장 "왕정 시대 : 북 왕국"에서 일부분(191-210, 218-226, 235-236쪽)을 읽으라.

13

다윗에게서 난 왕들이
유다를 다스리다

우리는 주전 930년에 일어난 분열 이후, 남 왕국에서 벌어진 사건들을 상기하기 위해 시간을 거슬러 올라갈 것이다. 하나님은 다윗에게 그의 후손이 예루살렘의 보좌에서 다스릴 것이라고 약속하셨다. 이제 솔로몬의 아들 르호보암이 유다와 베냐민, 그리고 레위 지파를 다스리는 왕이 된다. 예루살렘 성전은 예배의 중심지로 건재한다. 하지만 르호보암은 이방 신들을 위한 산당을 건축하고 이방 예배 의식과 창기를 도입한다. 그의 행위는 다른 민족들의 끔찍한 관습과 유사하다. 하지만 다윗에게 보좌에 그의 아들을 두겠다고 분명히 약속하셨기 때문에 하나님은 르호보암에게 제한된 심판을 내리시고 그 왕계를 끊지는 않으신다. 르호보암이 시삭이라는 애굽 왕에게 공격받은 뒤 스스로 겸비하면서 예루살렘은 보존된다.

르호보암의 손자인 아사가 경건하게 통치하며 왕국은 번성한다. 아사 왕은 이방의 제단과 우상을 제하고 유다 백성에게 여호와를 찾도록 명령한다. 세라라는 장군이 이끄는 군대가 수적으로 크게 압도하자 그는 하나님에게 도움을 구하며 부르짖는다. 그러자 하나님은 기적적으로 그를 구하신다. 하나님의 영으로 충만한 아사랴라고 하는 사람이 하나님의 백성에게 하나님을 찾으라고 촉구한다. 아사는 언약을 새롭게 함으로 이에 반응하고 예배가 뒤따른다. 하지만 통치 후기에 어리석게도 벤하닷이라는 이방 왕과 동맹을 맺는다. 그리고 선지자에게 질책받자 마음을 강퍅하게 하고 하나님을 구하지 않는다.

아사의 죽음 이후 주전 9세기, 그의 아들 여호사밧이 아버지를 대신하여 다스린다. 여호사밧 왕이 여호와를 구하고 하나님의 백성에게 율법을 가르칠 교사들을 임명하면서 종교 개혁 시대의 막이 오른다. 그의 왕국은 하나님의 복 아래 번성하지만, 세월이 지나 왕은 어리석게도 북 왕국의 왕 아합과 동맹을 맺어 재앙이 임한다. 여호사밧은 죽음과 마주친 마지막 순간, 하나님에게 도움을 부르짖고 기적적으로 구원을 받는다. 이 사건을 통해 왕은 여호와를 신뢰함이 무엇인지 배운다. 그리고 이제 전쟁은 군대의 규모가 아니라 여호와를 의지함으로 이기는 것임을 이해한다. 이 일로 그는 예기치 못한 적의 침공을 받았을 때 온 유다 백성과 함께 금식하고 기도하며 여호와께 간구한다. 그러자 하나님의 영은 하나님이 그들을 대신하여 싸우시리라는 말씀으로 유다 백성에게 용기를 주신다. 그들은 전투를 위해 모여서 하나님의 변함없는 사랑에 감사하며 찬양을 부른다. 입술에 찬양의 말을 담은 하나님의 백성은 놀랍게 구원을 받고 큰 기쁨으로 예루살렘에 돌아온다.

주전 8세기에 통치한 웃시야는 초기에는 여호와를 찾는 것처럼 보였지만, 만년에 왕의 권위를 넘어서는 행동을 한다. 교만하게도 성전에 들어가 제사장 역할을 대신하고자 한 것이다. 그는 피부병에 걸린 채로 하나님의 집에서 단절되고 불명예스럽게 죽는다. 그가 죽은 해에 하나님은 이사야 선지자에게 하나님의 영광스럽고 고귀한 보좌 환상을 주신다. 선지자는 하늘의 군대가 여호와를 예배하는 모습을 보고, 천사들의 노래를 목격한다. "거룩하다 거룩하다 거룩하다 만군의 여호와여"(사 6:3). 이사야는 하나님의 말씀을 유다에 전하라는 사명을 받는다. 하나님의 백성은 여호와를 알지 못함으로 기소된다. 그들은 이스라엘의 거룩하신 한 분을 멸시하고 버렸다. 그들은 자신들이 예배하는 우상들처럼 영적으로 눈이 멀고 귀가 먹었다. 선지자는 그들에게 여호와만이 살아 계신 유일한 참 하나님임을 상기시킨다. 하나님 홀로 창조주이시며 눈먼 자를 보게 하시고 귀먹은 자를 듣게 하신다.

아하스가 통치하는 동안 왕국은 더욱 악을 향하여 치닫는다. 그의 악랄한 통치는 우상 숭배와 아동 인신 제사로 특징된다. 아합이 예전에 북쪽에서 한 것과 같이 아하스도 바알 숭배를 확립한다. 이때 왕국은 침공을 받아 많은 사상자가 발생하고 주민들이 끌려간다. 하지만 오뎃이라는 선지자가 개입하여 포로들이 복귀한다. 아하스는 이사야 선지자가 주는 확실한 말씀을 듣는 대신 앗수르 왕에게 도움을 구한다. 결국 왕국은 고난을 당하고 아하스는 우상 숭배로 더 깊이 빠져든다. 그는 성전 문을 닫고 왕국에 우상 숭배를 만연하게 하여 하나님을 분노하게 만든다.

📖 **성경 읽기** 📖

열왕기상 12:1-24, 14:21-31, 역대하 14-15장, 20장, 28장,
에베소서 6:10-20

1   열왕기상 12장 1-17절을 읽으라. 솔로몬의 아들 르호보암이 저지른 어리석고 비극적인 실수는 무엇이며, 그 결과는 어떠했는가?

2   열왕기상 14장 21-31절을 읽으라. 암몬 사람인 르호보암의 어머니(21절, 31절)는 아들에게 어떠한 영향을 끼쳤기에 여기 기술된 대로 왕국이 더 타락한 우상 숭배로 빠져들었는가?

13주
다윗에게서 난 왕들이 유다를 다스리다

3 역대하 14-15장을 읽으라. 아사는 처음에 하나님을 신뢰했지만, 이후에는 자신을 의지하여 선지자에게 질책당한다. 무엇이 이러한 태도의 변화를 낳았다고 생각하는가? 또 하나님이 그 모습을 어떻게 보셨으리라고 생각하는가?

4 역대하 20장을 읽으라. 적의 공격을 당했을 때 여호사밧이 취한 핵심 조치를 간략하게 서술하라. 그는 군대를 소집하는 대신 무엇을 했는가?

5 하나님은 이 전투를 통해 자기 백성에게 어떤 교훈을 주시는가?

6 역대하 28장을 읽고 다음 질문에 답하라.

  ○ 아하스는 자기 신들에게 무엇을 제물로 바치는가?(3절)

  ○ 아하스는 얼마나 많이 잃었는가?(5-8절)

  ○ 하나님은 어떤 은혜의 음성으로 북 왕국에 사는 아하스의 형제들의 마음을 흔드시는가?(9-15절)

구약을 읽다
18주 바이블 워크북

○ 아하스는 어떻게 재앙을 재촉하는가?(16-24절)

○ 아하스가 매장된 장소는 그가 자기 백성에게 어떤 취급을 당했음을
  가리키는가?(27절)

1 당신이 (르호보암과 다르게) 겸손과 지혜로운 결정으로 인도할 수 있었던
   때를 설명하라.

   하나님의
   말씀을
   적용하기

2 역대하 20장에서 여호사밧의 전투에 관한 내용을 읽으라. 왕이 큰 도전
   을 마주하자 어떤 특징들이 나타나는가? 당신은 **군사** 작전 전후에 있던
   음악을 어떻게 생각하는가?(심지어 그 군대는 무기도 가져오지 않았다!)

3 여호사밧의 이야기는 어떻게 교회가 반대에 맞서는 방식에 대한 본보기
   가 되겠는가?(엡 6:10-20 참조)

4 여호사밧(대하 17:3, 4, 20:3, 4)과 아하스(대하 28:24)는 좋은 영적 지도력과 나쁜 영적 지도력의 극명한 차이를 어떻게 보여 주는가? 당신은 언제 하나님을 외면하고 싶은 유혹을 받는가? 여호사밧을 닮기 위해 당신이 취할 수 있는 결정적 조치는 무엇인가?

🔍 **연대표와 지도 살피기**

○ 연대표에서 "왕정 시대"를 살펴보라.

○ 다섯 번째 지도 "분열된 왕국"을 살펴보라. 다윗과 솔로몬 시대에 훨씬 컸던 왕국의 규모와 이 시기 남 왕국의 규모를 비교하라.

⊕ **「구약을 읽다」와 함께 톺아보기**

○ 6장 "왕정 시대 : 남 왕국 1부"의 첫 번째 부분(237-272쪽)을 읽으라.

WEEK

14

하나님의 심판과 회복

하나님은 주전 8세기에 미가 선지자(이사야와 동시대 인물)를 세우신다. 그는 유다가 하나님이 세우신 율법의 의로움과 윤리 기준을 지키는 데 실패했다고 선포한다. 유다에는 오히려 가난한 자에 대한 멸시와 착취, 뇌물 수수, 탐욕과 불의만 존재한다. 미가 선지자는 하나님의 백성에게 정의를 행하고 인애를 사랑하며 하나님과 겸손히 걸으라고 요청한다. 선지자는 심판의 메시지를 전함과 더불어 회복의 때를 내다본다. 언젠가 한 왕이 베들레헴에 태어날 것이고, 그가 이스라엘을 통치할 것이다. 미가는 제멋대로 구는 자기 백성에게 베푸시는 하나님의 은혜와 자비에 경탄함으로 심판과 회복의 신탁을 마무리한다.

이사야와 미가가 남 왕국 선지자로 사역하는 동안 히스기야는 경건하게 통치하며 언약을 갱신하고 회개를 촉구한다. 히스기야는 산당을 제거하고 성전을 정결하게 하며 유월절과 예배를 회복시킨다. 심지어 북부 지파 일부도 유월절 기념행사에 참여하는데, 히스기야가 그들을 위해 기도하자 스스로 겸비하고 악한 길에서 돌이켜 하나님에게 고침받는다. 왕은 여호와를 신실하게 섬기겠다고 결심하지만, 앗수르 왕 산헤립이 라기스를 포위하고 예루살렘에 특사를 보내면서 도전을 받는다. 산헤립이 보낸 사자는 자만에 가득 차서 히스기야와 하나님을 모욕하며 예루살렘을 파괴하겠다고 위협한다. 하지만 히스기야는 자신의 하나님 여호와를 굳게 붙잡고 기도 중에 부르짖는다. 이사야 선지자는 왕에게 그의 기도가 상달되었으니 하나님이 예루살렘을 지키실 것이라고 확언한다. 여호와는 단 한 천사로 그 강력한 앗수르 군대를 멸하신다!

이 시기에 이사야는 계속해서 하나님의 말씀을 유다에 선포한다. 선지자는 심판 후에 있을 회복의 때를 내다보는데, 그때 하나님은 자기 백성을 위로하시고 강하게 펼친 팔로 구속하실 것이다. 이는 출애굽을 연상시킨다. 하나님의 종은 성령을 받아 눈먼 자들의 눈을 뜨게 하고 만민에게 빛이 되신다. 이방 민족들도 하나님의 백성이 될 것이고, 예루살렘은 영광스럽게 회복될 것이다. 이스라엘의 회복은 고난받는 종을 통해 성취되는데, 그분은 그들의 악과 죄를 대신 지실 것이다. 유다의 허리에서 오실 약속된 왕이 통치하시고, 만방이 예루살렘으로 모여들 것이다. 선지자는 저 멀리서 환상으로 메시아의 통치 시기에 결실할 것들을 본다.

히스기야가 죽으면서 그의 아들 므낫세가 왕이 되고 남 왕국 최악의 시기가 찾아온다. 므낫세가 바알을 위해 제단을 쌓고, 하늘의 일월성신을 경배하고, 아동 인신 제사를 드리는 모습을 보면 비통하다. 그가 저지른 죄악으로는 마술, 점술, 마법 등이 있었고, 게다가 불경스럽게도 성전에 우상을 만들어 두기까지 한다. 므낫세는 유다를 잘못 인도하여 주위 나라들보다 악을 행하도록 만들었고, 그의 죄악상은 왕국의 종말을 초래한다. 그는 앗수르 왕에 의해 바벨론으로 끌려간다. 하지만 고난 중에 자신을 낮추고 여호와께 기도한다. 하나님은 므낫세의 기도를 들으시고 은혜를 베푸셔서 그를 예루살렘으로 데려오신다. 그리고 심지어 그에게 왕국을 회복시키신다. 므낫세는 이후 여호와가 하나님임을 인정한다. 그는 이방 신들을 제거하고 화목제와 감사제를 드린다. 므낫세의 아들 암몬이 유다를 우상 숭배로 더 몰아넣지만, 암몬의 아들인 요시야의 통치로 회복이 임박한다.

요시야는 통치 초기부터 여호와를 구하고 그 땅에서 우상과 이방 신상을 제거한다. 백성이 여호와의 성전에 드린 것을 왕의 신하들이 성전에 가져갈 때 제사장 힐기야가 율법 책을 발견한다. 요시야는 그의 신하들에게 여호와께 물을 것을 지시하고, 여선지자 훌다를 찾아 하나님의 말씀을 해석하게 한다. 하나님의 진노가 다가옴을 알고 요시야가 자신을 낮추자 하나님의 진노는 지연된다. 왕은 모세 언약을 새롭게 하고, 유월절을 지키며, 그 땅에서 우상을 더 철저히 제거한다. 하지만 요시야가 죽은 후에 왕위에 오른 네 왕은 하나님이 보시기에 악을 행했고, 왕국의 마지막이 멀지 않았다.

📖 **성경 읽기** 📖

역대하 33–34장, 이사야 1장, 6장, 미가 6장,
마태복음 13:1–17, 누가복음 4:14–21

---

1   이사야 1장을 읽으라. **시적** 은유로 예언 말씀을 구상하는 이사야의 문학 기법에 주목하라(예를 들어, 1장 3절의 소와 나귀). 이 장에서 다른 예를 찾으라. 선지자는 하나님의 백성을 어떻게 특징짓는가? 이러한 묘사는 이스라엘의 이야기에서 드러난 인간 마음에 관해 무엇을 전하는가?

2   이사야 1장 10–17절을 읽으라. 유다에는 '예배 예산'(worship budget)으로 할당된 제물이 엄청났다. 하지만 하나님이 자신의 백성에게 진정으로 원하시는 것은 무엇인가?

3　이사야 6장 1-8절을 읽으라. 이사야를 부르시는 하나님의 이 극적인 부르심에서 특히 신비롭고 감동적인 내용은 무엇인가? 이 환상이 여호와의 거룩하심에 관해 가르치는 내용은 무엇인가?

4　이사야 6장 9-13절과 마태복음 13장 1-17절을 읽으라. 하나님은 자신의 음성을 듣고 순종하려는 마음이 없는 사람들을 신랄하게 묘사하신다. 예수의 말씀은 어떻게 이를 반영하는가?

5　미가 6장을 읽고 다음 질문들에 답하라.

○ 미가는 배경을 어떻게 제시하는가?(1, 2절)

○ 하나님은 자신의 신실함에 대해 어떤 증거를 제시하시는가?(3-5절)

○ 이스라엘은 어떤 허황된 제물로 하나님의 심판을 피할 수 있다고 생각했는가?(6, 7절)

○ 하나님이 이스라엘에게 주신 이 단순한 사명 선언문은 어떠한가?(8절)

○ 이스라엘의 정의롭지 못한 행위는 무엇이었는가?(9-12절)

○ 하나님이 이스라엘에 내릴 심판은 무엇인가?(13-16절)

6   역대하 33장을 읽으라. 므낫세 왕의 주요 행적을 찾아보라(1-9절). 하나님
     은 그에게 어떻게 반응하시는가? 이는 하나님의 성품에 관해 무엇을 말
     해 주는가?

7   역대하 34장을 읽으라. 요시야의 이야기는 우리 삶에서, 그리고 하나님
     과 우리의 관계에서 하나님의 말씀이 중요함을 어떻게 강조하는가?

하나님의
말씀을
적용하기

1 이사야서와 미가서에서 밝힌 유다의 죄를 고려할 때, 므낫세의 이야기는 어떻게 당신에게 희망이 되는가? 죄라는 인간 문제에 대한 해결책은 무엇인가?

2 하나님이 이스라엘과 맺은 언약의 기록은 먼지가 쌓이고 읽히지 않은 상태로 있다가 요시야의 '정결 작업'(clean-up campaign)으로 성전을 회복할 때 쓰레기가 가득한 방에서 발견된다! 당신이 성경을 꾸준히 읽고 성경 말씀과 관계 맺기 위해 가져야 할 습관은 무엇인가?

3 역대하 34장 22-27절을 읽으라. 하나님의 성령은 여선지자 훌다를 통해 하나님의 말씀을 확인해 주시고 왕에게 순종하라고 권고한다. 그리스도인은 성경을 읽을 때 성령께서 여전히 이처럼 확인해 주시고 권고하시는 사역을 우리 마음속에 행하신다고 믿는다. 최근 당신이 하나님의 말씀을 읽을 때 성령께서 확인해 주신 것, 깨닫게 하신 죄, 권고하신 것은 무엇인가?

4 미가 6장 8절 개요를 사용하여 하나님에게 드리는 개인 **기도**를 작성하라.

- 하나님의 정의롭고 자비로우신 성품을 찬양하라.
- 당신이 정의롭지 못하거나, 자비가 부족하거나, 겸손하게 하나님

구약을 읽다
18주 바이블 워크북

과 함께 행하지 못한 지점을 고백하라.

● 예수를 통해 당신에게 베푸신 하나님의 자비하심을 감사하라.

● 당신이 바른 일을 행하고 자비롭기 위해서 반드시 해야 할 선택을 내릴 수 있도록 도와달라고 하나님에게 구하라.

🔍 **연대표와 지도 살피기**
  ○ 연대표에서 "왕정 시대"를 살펴보라.

  ○ 다섯 번째 지도 "분열된 왕국"과 여섯 번째 지도 "앗수르와 바벨론 제국"을 살펴보라. 라기스와 예루살렘의 위치를 확인하라. 거대한 앗수르 제국에 주목하라.

⊕ 「**구약을 읽다」와 함께 톺아보기**
  ○ 6장 "왕정 시대 : 남 왕국 1부"의 마지막 부분(272-280쪽)과 7장 "왕정 시대 : 남 왕국 2부"의 앞부분(281-291쪽)을 읽으라.

15

유다의 회개하지 않은 죄

남 왕국 마지막 때에 유다는 회개하지 않은 죄 안에서 하향 나선을 그린다. 하나님은 선지자들을 세우셔서 돌아오라고 자기 백성을 부르시지만 왕국의 마지막은 피할 수 없다. 예레미야는 죄와 반역으로 점철된 유다의 역사가 언약의 파괴로 귀결될 것임을 알린다. 그는 하나님의 백성을 하나님의 음성에 순종하지 않은 민족으로 정의한다. 유다의 왕들과 제사장들은 하나님이 제정하신 율법의 의롭고 도덕적인 기준을 수호해야만 했다. 하지만 그들과 거짓 선지자들은 유다를 잘못된 길로 인도한다. 예레미야는 마음이 절박하여 아프다고 한탄한다. 그는 유다가 모세 언약의 저주 아래 몰락한다는 파괴적인 소식을 선포하도록 부름받았다. 하나님은 바벨론의 군대를 일으키시고, 예루살렘 거주민은 회개하지 않은 죄로 인해 포로가 될 것이다. 솔로몬이 지은 성전은 폐허가 되고, 예루살렘은 파괴될 것이다.

하나님은 예레미야에게 심판의 말씀과 더불어 희망의 메시지를 주신다. 포로 상태는 70년간 계속되지만, 심판 후에 하나님은 자기 백성을 그들의 땅으로 인도하여 회복하실 것이다. 하나님은 의로운 왕을 세우실 것이고, 그 왕은 의와 정의로 다윗의 보좌에서 통치할 것이다. 하나님은 분명히 약속하신 바를 성취하실 것이다. 예레미야는 하나님이 새 언약을 세우실 날이 다가온다고 말씀하신다. 새 언약은 그 백성이 파기한 옛 언약과 같지 않을 것이다. 하나님의 법을 돌판에 쓰는 것이 아니라 성령께서 사람의 마음에 새기실 것이다. 그분의 백성은 여호와를 알 것이다. 여호와께서 그들의 죄를 용서하시고 더 기억하지 않으시기 때문이다. 예레미야의 예언은 오실 메시아를 예견하는 것으로, 그분은 자신에게 지워진 언약의 저주를 감당하실 뿐 아니라 자신의 피로 새로운 언약을 개시하신다. 이것이 앞으로 임할 **더 나은** 언약이다!

요엘 선지자는 하나님이 내리시는 심판의 환상을 예루살렘에 다가오는 메뚜기 재앙의 모습으로 본다. 이는 침공하는 바벨론 군대를 시적으로 묘사한 것이다. 심판과 함께 요엘은 하나님이 메뚜기가 먹어 치운 것을 회복하실 것임을 선포한다. 하나님의 영이 모든 육체에 부어질 그날이 온다. 그때는 여호와의 이름을 부르는 누구나 구원을 얻을 것이다. 그리고 하나님은 하박국 선지자를 통해 하나님이 바벨론 사람을 높여 심판을 내릴 것을 알리신다. 하박국 선지자는 이 끔찍한 소식을 듣고 망연자실하지만, 그 환상은 분명히 일어날 것이다. 그는 기다리는 와중에 의인이 **믿음으로** 산다는 사실을 깨닫는다.

요시야의 죽음 이후 다음 네 왕은 하나님이 보시기에 악을 행한다. 이 지점에서 왕들의 이야기는 신속하게 진행된다. 요시야의 아들 여호아하스가 왕이 된다. 하지만 그는 애굽 왕 느고에 의해 애굽에 포로로 끌려간다. 그리고 느고 왕은 그의 형인 여호야김을 왕위에 앉힌다. 바벨론 왕 느부갓네살은 주전 605년에 벌어진 결정적인 전투에서 애굽에 승리하고 여호야김이 왕위에 있는 동안 이스라엘까지 자신의 세력을 확대한다. 다니엘 선지자와 다른 주요 신하들은 성전의 신성한 기구들과 함께 바벨론으로 끌려간다. 몇 년 후에는 여호야김의 아들 여호야긴이 왕이 된다. 하지만 주전 597년, 느부갓네살은 여호야긴을 에스겔 선지자 및 다른 주요 인사들과 함께 바벨론으로 끌고 간다. 그러면서 여호야긴의 사촌인 시드기야를 왕위에 앉힌다. 하지만 그 역시 하나님 보시기에 악을 행하고 하나님의 경고에 주의를 기울이지 않는다. 어리석게도 시드기야가 느부갓네살과 맺은 언약을 깨면서, 유다를 향한 바벨론의 최후 공격이 이어진다. 주전 586년, 예루살렘과 성전이 파괴된다. 하나님의 지도자들이 무자비하게 죽임당하고, 다른 이들은 포로로 끌려간다. 예레미야는 자신이 목격한 파괴를 애도한다. 하지만 하나님의 위대한 신실함에서 희망을 발견한다. 이때 왕정은 끝나고 말지만, 바벨론에서도 하나님의 섭리로 왕의 혈통은 유지된다. 여호야긴은 자녀와 손주를 뒀고, 그들 가운데 손자인 스룹바벨이 있었다. 다윗 왕조에서 날 의로운 왕에 대한 소망이 이 혈통에서 이뤄질 것이다.

> 📖 **성경 읽기** 📖
> 역대하 36장, 예레미야 7장, 11:1–11, 31:27–34, 33:14–18, 요엘 2장,
> 마태복음 21:8–11, 사도행전 2장

1 예레미야 7장을 읽으라. 왜 유다 백성은 성전이 있다는 사실이 하나님과 특권적 관계를 누리고 이방의 공격에서 보호받는 근거가 된다고 생각했는가? 하나님은 어떻게 반응하시는가?

2 예루살렘 바로 옆 ('죽임의 골짜기'라고도 불리는) 벤힌놈에서 유다가 행한 끔찍한 일은 무엇인가?(30-32절) 예수 시대에 그 골짜기는 '게헨나'로 알려진다. 연기를 내는 불이 계속해서 사람들을 태우는 지옥 같은 장소에 붙인 이름이다.

3 예레미야 11장 1-11절을 읽으라. 예레미야는 모세 율법이 깨졌으며 하나님이 저주를 내리사 그들이 포로가 될 것이라고 선포한다(레 26장, 신 27-28장 참조). 당신은 구약 이야기에서 이 지점까지 하나님의 백성이 저지른 죄를 어떻게 설명하겠는가?

4 예레미야 31장 27-34절을 읽으라. 하나님이 주신 새 언약에 속하는 놀라운 약속들을 열거하라(히 8:7-13, 10:15-18도 참조).

왕정 시대

5 예레미야 33장 14-18절을 읽으라. 유다가 가장 낮아지고, 가장 비통하고, 완전히 패배한 바로 그곳에서 하나님은 희망의 말씀을 주신다. 누가 다윗 왕의 계보에서 나올 이 의로운 후손일 것인가? 이 약속은 당신이 마태복음 21장 8-11절을 읽을 때 어떠한 영향을 끼치는가?

6 요엘 2장을 읽으라. 어떤 국가적 재앙이 임박했는가? 이럴 때 이스라엘은 어떻게 해야 하는가? 하나님은 무슨 일을 행하기로(28, 29, 32절) 약속하시는가? 이 약속은 사도행전 2장에서 어떻게 완벽하게 성취되는가?

7 역대하 36장을 읽으며, 빈 칸을 채우라. 한 유대 왕(여호야김)이 _____

에 포로로 끌려간다. 또 다른 왕(여호야긴)은 _____에 포로로 끌려간다. 세 번째 왕(시드기야)은 고집스럽게도 _____를 거부하고 _____에 반역한다. 당신은 남 왕국의 이 마지막 날들을 어떻게 설명하겠는가?

8 남 왕국은 북 왕국보다 오래 지속된다. 하지만 그것은 그 왕들이 모두 선했기 때문이 아니라 하나님의 한결같은 자비와 용서 때문이다. 이 사실은 우리에게 하나님의 성품에 관해 무엇을 알려 주는가?

하나님의
말씀을
적용하기

1 예레미야 7장 5-7절을 읽으라. 한 나라의 백성에게 영혼의 문제가 있을 때, 사회 주변부에 있는 사람들이 가장 고통당한다. 예를 들어 이방인과 고아와 과부에 대한 착취와 불의가 대부분 문화권에서 흔하게 일어난다. 왜 그러한가? 또 당신이 처한 상황 어디에서 불의가 성행하는 모습을 보는가?

2 이사야서와 예레미야서를 일부 읽어 보고 하나님의 선지자들이 이스라엘과 유다에서 담당한 책임을 묵상하라. 그들은 권력자에게 어떻게 진리를 선포했는가? 어떻게 그들은 죄와 심판에 대한 나쁜 소식과 더불어 하나님이 결국 자기 백성을 회복하실 것이라는 은혜로운 계획에 대한 좋은

소식도 있는 그대로 전했는가?

3 당신 삶에서 새 언약의 중요성을 묵상하라. 이 언약이 세워지기 위해 필요한 것을 생각할 때 어떤 감정이 드는가? 당신에게 부어진 이 희생적인 사랑에 어떻게 응답하겠는가?

🔍 **연대표와 지도 살피기**	○ 연대표에서 "왕정 시대"를 살펴보라.
	○ 여섯 번째 지도 "앗수르와 바벨론 제국"을 살펴보라. 바벨론 제국의 광대함과 바벨론이 예루살렘에서 얼마나 멀리 떨어져 있는지에 주목하라.
✚ **「구약을 읽다」와 함께 톺아보기**	○ 7장 "왕정 시대 : 남 왕국 2부"의 나머지 부분(292-320쪽)을 읽으라.

WEEK

16

바벨론 포로

이야기는 하나님의 백성이 광대한 바벨론 제국 내에서 포로로 살아가는 내용
으로 이어진다. 에스겔 선지자의 메시지를 알아보기 위해 몇 년을 거슬러 올라
가 보기로 한다. 그는 포로로 끌려간 사람 중에 있었는데 바벨론에서 경외감
을 불러일으키는 환상, 즉 하늘의 병거 위 왕좌에 앉으신 하나님의 영광스러운
임재를 본다. 이 환상은 그를 선지자로 부르시는 상황을 묘사한다. 에스겔은
거룩하신 하나님 앞에서 엎드러진 채로 파수꾼이 되라는 소명을 받는다. 그래
서 하나님의 백성에게 그들의 추악한 행실과 더불어 만약 회개를 거부할 때 임
하게 될 심판을 알려야 한다. 그들이 듣든, 듣지 않든 에스겔은 애통하고 슬퍼
하고 고뇌하라는 하나님의 메시지를 선포하도록 부름받는다.

　에스겔은 앞일을 보여 주는 환상에서 하나님의 영광스러운 임재가 유다의
죄로 더럽혀진 성전을 떠나가는 모습을 목격한다. 하나님의 백성은 창녀가 이
방 애인에게 욕정을 느끼듯 계속해서 이방 신을 따라갔고, 우상들에게 자녀를
희생 제물로 바쳤다. 하나님의 율법은 지켜지지 않았고, 안식일은 더럽혀졌다.
가난한 자, 과부, 이방인은 학대당했고 많은 피가 흘려졌다. 하나님은 거룩한
자기 이름에 대한 우려로 이스라엘 역사 내내 분노를 억누르셨다. 이제 선지자

는 모세 언약에 따른 저주가 쏟아질 것을 알린다.

심판의 무거운 말씀에도 선지자는 이스라엘이 회복되는 환상을 받는다. 하나님은 생명을 주시는 성령을 통해 자기 백성에게 새로운 생명을 불어넣으실 것이다. 하나님은 그들을 죄에서, 내재된 우상에서 깨끗하게 하실 것이다. 무엇보다도 마음 고침이 필요하다. 하나님은 그들의 돌로 된 마음을 들어내시고 새 마음을 주실 것이다. 하나님은 그들에게 자신의 영을 두실 것이고, 그러면 그들은 하나님의 법을 따르게 될 것이다. 성전은 회복될 것이고, 하나님은 다시 한 번 자기 백성과 함께 거하실 것이다. 에스겔은 저 멀리서 메시아가 사람의 마음을 깨끗하게 하시고 생명 주시는 성령을 자기 백성에게 불어넣으실 때 나타날 새로운 창조 세계를 본다.

다니엘 선지자는 주전 605년에 바벨론으로 끌려간 인물로, 느부갓네살의 왕실에서 세 친구와 함께 섬긴다. 바벨론에서 하나님은 그에게 꿈을 해석하는 지혜를 주신다. 다니엘이 기도할 때 하나님은 느부갓네살의 꿈에 나온 네 부분으로 된 신상이 네 왕국을 나타낸다는 것을 드러내신다. 한 돌이 그 형상을 박살 내는 모습은 하나님의 영광스럽고 영원한 왕국이 온 땅을 덮게 될 것을 상징한다. 또 다른 환상에서 다니엘은 네 마리의 무서운 짐승이 혼돈 상태인 바다에서 나타나는 모습을 본다. 이 네 짐승은 바벨론, 바사, 그리스, 로마 제국을 대변한다. 마지막 동물은 뿔이 열 개 달린, 난폭하고 날뛰는 기괴한 짐승으로 묘사된다. 하지만 다니엘의 시선은 옛적부터 항상 계신 이가 심판 보좌에 앉아 계신 하늘의 장면으로 향한다. 천사와 같은 수많은 존재에 둘러싸인 채로 영광 중에 인자가 나타난다. 그분에게는 통치권과 능력과 영원한 왕국이 주어지고, 둘러싼 만민이 그분을 섬긴다. 다니엘은 멀리서 이 영광스럽고도 높이 들린 예수의 보좌를 본다. 예수께서는 하나님의 영원한 왕국을 다스리시는 인자시며, 언젠가 모든 무릎이 그 앞에 꿇고 그분이 여호와임을 고백할 것이다.

다니엘은 살아생전에 바벨론 왕국의 쇠퇴를 목격한다. 벨사살 왕이 호화로운 잔치를 열고 불경스럽게도 예루살렘 성전에서 가져온 신성한 기구를 사용하며 나무와 돌로 된 신들을 찬양할 때 그의 날은 계수된다. 바로 그날 밤, 그는 바사 군대에 살해당하고 고레스가 광활한 제국의 통치자가 된다. 다니엘은 예레미야의 70년 예언을 염두에 둔 채로 여호와께서 이스라엘의 무도함에도 신실하셨음을 인정하며, 여호와께 자백하는 기도를 드린다. 그의 기도에 대한 응답으로 가브리엘 천사가 다니엘에게 나타나 포로 시대가 곧 끝날 것을 알린다. 하나님의 백성은 자기 땅으로 돌아갈 것이다. 물론 온전한 회복은 긴 세월이 지난 후 메시아가 이스라엘의 죄를 대속하고 하나님의 영원한 왕국을 세우실 때 일어날 것이다.

> 📖 **성경 읽기** 📖
> 에스겔 1장, 20:1-32, 36:22-38, 다니엘 1장, 7장,
> 마가복음 13:26, 27

묵상을 위한 질문

1 에스겔 1장을 읽으라. 에스겔은 하나님의 영광을 묘사하기 위해 어떤 형상을 사용하는가?

2 에스겔 20장 1-32절을 읽으라. 포로 된 자들은 십계명 중 어느 계명을 어겨 하나님의 진노를 초래했는가?

구약을 읽다
18주 바이블 워크북

3 왜 하나님은 반복적으로 유다에 심판 내리기를 **억제하셨는가?**(겔 20:9, 14, 22 참조)

4 에스겔 36장 22-38절을 읽으라. 어떤 이유로 하나님은 이스라엘을 회복하겠다고 말씀하시는가? 그들이 선하거나 의롭거나 회개하기 때문인가? 포로들을 그들의 행위에 따라 대하지 **않은 것**이 어째서 실제로는 하나님의 자비로운 결정인가? 이 일은 어떻게 예수 그리스도 안에서 완전히 이루어질 은혜를 희미하게나마 보여 주는가?

5 에스겔 36장에서 하나님이 포로들에게 "내 영을 너희 속에 두어"라고 하신 약속은 어떻게 성령이 믿는 자 안에서 행하시는, 생명 주시는 역사의 전조가 되는가?(요 3:1-8, 고후 3:1-8 참조)

6 다니엘 1장을 읽으라. 다니엘은 포로로 끌려간 곳에서 자신을 둘러싼 문화를 **섬기는** 동시에 그 문화에서 어떻게 스스로를 **구별**하는가?

7 다니엘 7장을 읽으라. 이 구절이 '인자'(the Son of Man), 즉 예수께서 자신을 가리킬 때 여러 번 사용하신 호칭에 대해 전하는 바는 무엇인가? 예

포로
시대

수께서는 마가복음 13장 26, 27절에서 자신을 어떻게 언급하시는가? 이 사실은 다니엘의 환상과 어떻게 연결되는가?

하나님의 말씀을 적용하기

1 다니엘처럼 당신도 자신이 살아가는 문화를 **섬기는** 동시에 그 문화**에서 구별되는** '문화 변혁가'가 될 수 있는 한 가지 방법은 무엇인가?

2 오늘날 당신의 삶 어떤 측면에서 하나님이 에스겔에게 약속하신 성령의 내적 능력이 필요한가?

3 많은 사랑을 받고 있는 다음 크리스마스 캐럴은 어떻게 바벨론에 있는 유대인 포로가 품었을 희망과 감정을 불러일으키는가? 예수께서는 인간이 가진 열망에 어떻게 응답하시는가?

　곧 오소서 임마누엘 오 구하소서 이스라엘

　그 포로 생활 고달파 메시아 기다립니다

　기뻐하라 이스라엘 곧 오시리 오 임마누엘

🔍 **연대표와** **지도 살피기**	○ 연대표에서 "포로 시대" 부분을 살펴보라. ○ 여섯 번째 지도 "앗수르와 바벨론 제국"을 살펴보라. 바벨론 제 국의 크기와 바벨론에서 포로들의 위치를 확인하라.
⊕ 「**구약을 읽다**」**와** **함께 톺아보기**	○ 8장 "포로 시대"(321-367쪽)를 읽으라.

포
로
시
대

귀환, 재건, 회복

포로들이 바벨론에서 살아가며 이야기는 계속된다. 하지만 예레미야의 70년 예언이 열매 맺는다. 주권자 여호와께서 바사 왕 고레스를 움직이신다. 고레스는 하나님이 자신의 목적을 이루기 위해 사용하시는 사람이다. 고레스가 포로들이 예루살렘에 돌아가 성전을 재건하도록 허용하는 칙령을 선포하면서 오랜 세월 전에 이사야가 한 예언이 성취된다. 유다 지파와 레위 지파가 그 귀환자 중에 있었고, 에브라임과 므낫세 사람들도 함께한다. 하나님의 백성이 하나로 연합하는 회복의 역사가 시작된다! 귀환자들은 예루살렘과 주위 마을에 정착하고 세스바살이 총독으로 다스린다. 그들의 땅은 이미 많은 부분이 이방인에게 점유되어 있었고, 유다 지역은 광대한 바사 제국의 관점에서 보면 그다지 중요한 곳도 아니었지만, 여호와께 제단을 쌓고 번제물을 드리면서 희망의 불이 켜진다. 스룹바벨과 예수아의 지도 아래 성전의 기초가 세워진다. 하지만 북부 지역에 있는 사마리아인의 반대로 성전 건축은 잠시 중단된다. 몇 년 후 바사 왕 다리오가 통치하면서 하나님은 선지자 학개와 스가랴를 일으켜 귀환자들에게 성전을 재건하라고 용기를 불어넣으신다. 학개는 하나님의 영광스러운 임재가 다시 하나님의 집을 채울 것이라고 확언하며 자기 집을 짓는 대신 하나님의 집을 우선 삼으라고 촉구한다.

스가랴 선지자는 하나님의 영광스러운 임재로 가득한, 재건된 예루살렘의 환상을 본다. 그는 하나님이 자기 백성 가운데 거하실 것이고, 민족들이 예루살렘으로 흘러들어올 것을 선포한다. 스가랴의 예언은 유다의 두 지도자, 여호야긴의 손자인 스룹바벨과 대제사장인 예수아에게 집중한다. 이 기름 부음받은 두 지도자는 성령의 능력에 힘입어 협력하여 성전을 재건한다. 선지자는 화려한 왕관을 만들어 예수아의 머리에 씌워 주라는 말씀을 받는데, 이는 앞으로 제사장 같은 왕이 보좌에 앉으실 것을 상징한다. 예루살렘은 다시 한 번 민족들에게 복이 될 것이고, 많은 민족이 여호와를 찾기 위해 올 것이다. 하나님의 백성은 그들의 왕이 돌아오실 때 기쁨으로 소리칠 것이다! 그분은 겸손하셔서 나귀를 타고 오실 것이고, 그분의 통치는 땅 끝까지 이를 것이다. 갈등이 있기는 하겠지만 하나님이 민족들에게 승리를 거두실 것이다. 학개와 스가랴의 격려로 성전은 완공되고 제사가 드려진다. 하지만 하나님의 영광이 그곳을 채우는 징표는 나타나지 않는다. 선지자들이 환상으로 본 완전한 회복은 아직 임하지 않은 것이다.

예루살렘에서 이러한 사건들이 일어나는 와중에도, 포로들은 여전히 민족들 사이에 흩어져 살아간다. 유대인 여성 에스더는 수사라는 바사 도성에서 살고 있다. 그는 하나님의 섭리로 아하수에로 왕이 새 왕비를 선출할 때 두각을 나타낸다. 하만이라는 사람이 하나님의 백성을 위협한다. 하지만 하나님은 "이때를 위[하여]"(에 4:14) 에스더를 권위 있는 자리에 올리셔서 그들을 보존하신다. 바벨론의 또 다른 포로 집단은 에스라라는 제사장의 지도 아래 예루살렘으로 돌아가고자 계획한다. 에스라는 성경 연구에 헌신한 인물이다. 포로들은 아닥사스다의 칙령을 손에 들고, 내내 기도하고 금식하면서 주전 458년에 무사히 예루살렘에 도착한다. 에스라는 귀환한 사람들이, 제사장까지 포함하여 언약 공동체 외부에 있는 이들과 결혼한 사실에 충격을 받는다. 이스라엘의 죄와 허물이 에스라를 무겁게 짓누르고, 그는 이방인과 결혼한 일로 인해 여호와 앞에 쓰라린 마음으로 자백한다. 여호와 앞에 울며 엎드러져 있을 때, 사람들이 모여 에스라와 함께 자신들의 신실하지 못함을 자백한다. 그들은 이방인 부인들과 갈라서기로 결의하고 여호와와 맺은 언약을 갱신한다. 하나님이 느헤미야를 일으키시고 예루살렘 성벽을 재건하게 하시며, 이제 구약의 마지막 날이 가까워진다.

📖 **성경 읽기** 📖

에스라 1장, 6:14-18, 9:5-15, 학개 2:1-9, 스가랴 2:10, 11, 9:9, 10,
마태복음 21:1-9, 요한복음 2:13-22

---

1   에스라 1장을 읽으라. 하나님은 어떻게 고레스 왕, 제사장과 레위인, 또 다른 사람들의 마음을 움직이셔서 이들이 예루살렘 성전을 재건하는 엄청난 일을 완수하게 하셨는가?

2   에스라 6장 14-18절을 읽으라. 성전을 봉헌하며 하나님의 백성이 어떤 감정을 느꼈을지 상상해 보라.

3   에스라 9장 5-15절을 읽으라. 에스라는 동포들의 행동에 왜 그렇게 놀라 하나님에게 회한에 찬 기도를 드리는가? 이 기도에서 당신에게 특히 와

닿는 점은 무엇인가?

4 학개가 회복된 성전에 대해 이야기하는 내용(학 2:7-9)과 예수께서 회복된 성전에 대해 이야기하는 내용(요 2:19-21)을 비교하라. 이것에서 무엇을 알 수 있는가?

5 스가랴 2장 10, 11절을 읽으라. 하나님의 이 약속은 예수께서 지으시는 영광스러운 성전을 어떻게 예견하는가?(엡 2:19-22 참조)

6 스가랴 9장 9, 10절을 읽으라. 이 예언은 어떻게 예수께서 종려 주일에 예루살렘에 입성하시면서 성취되는가?(마 21:1-9 참조) 예수께서는 얼마나 의도적이셨는가? 이 사실은 예수의 정체에 대해 당신에게 무엇을 말하는가?

성전 시대

1 당신은 교회 건물, 회중, 사역을 재건하는 일에 참여해 본 적이 있는가? 성공을 막는 방해물은 무엇이었는가? 어떻게 극복했는가?

하나님의 말씀을 적용하기

2   교회 **건물**을 세우는 일이 어떻게 **사람**을 그리스도인 공동체로 세우는 일
     보다 훨씬 쉬운가? 하나님의 (살아 있는) 성전은 어떻게 지어지는가?(고전
     3:9-17 참조)

3   에스라는 매우 많은 유대 지도자가 유대 믿음을 공유하지 않은 부인들
     과 결혼했다는 사실에 충격을 받았다. 당신, 그리고 당신이 속한 교회가
     교회와 공동체 내에서 그리스도인의 결혼을 격려하고 강화하기 위해 할
     수 있는 일은 무엇인가?

🔍 **연대표와**   ○ 연대표에서 "성전 시대" 부분을 살펴보라.
   지도 살피기

                     ○ 일곱 번째 지도 "바사 제국"을 살펴보라. 포로들이 바벨론에서
                       예루살렘까지 그 길을 이동했다는 사실에 주목하라.

⊕ **「구약을 읽다」와** ○ 9장 "성전 시대"의 첫 부분(369-392쪽)을 읽으라.
  함께 톺아보기

WEEK

18

성벽 재건과 언약의 갱신

이제 구약의 하나님 백성 이야기가 끝나간다. 느헤미야라고 하는 사람이 이 마지막 시기의 중심이다. 수사라는 바사의 도시에 살며 아닥사스다의 술 관원으로 섬기고 있던 그는 예루살렘의 성벽이 여전히 황폐한 상태라는 보고를 받고 괴로워한다. 느헤미야는 들은 내용에 마음이 아파 여호와 앞에 나아가 기도와 금식에 전념한다. 기회가 오자 그는 담대하게 아닥사스다를 떠나 예루살렘에 갈 수 있는지 묻는다. 그의 기도는 응답받았고 왕의 전폭적인 지지를 받아 예루살렘에 안전하게 도착한다. 느헤미야는 이방인 지도자들에게 적대적이고 위협적인 반대에 직면하지만 기도하며 큰 용기를 내어 성벽을 재건할 집단을 모집한다. 그들의 재건 노력은 기록적인 시간으로 완수된다. 하나님이 자기 백성을 도우신다는 증거였다! 느헤미야는 가난한 자를 착취하는 부유한 자들을 질책한다. 그 자신이 총독의 급여를 포기하고 자기 식탁에서 많은 동포를 먹이기까지 한다.

제사장 에스라는 회중 앞에서 모세 율법을 읽는다. 레위인들은 정성스럽게 하나님의 말씀을 설명해서 모든 자가 이해할 수 있도록 돕는다. 성경은 언약 공동체의 삶과 행복에 핵심이었다. 그들은 하나님 말씀에 깊이 감동받았고

18주
성벽 재건과 언약의 갱신

117

그날을 여호와 앞에 거룩하게 구별한다. 사람들은 자백 기도를 드리며 하나님의 신실함을 기억하고 자신의 실패를 인정한다. 이것이 우리에게 잘 알려진 하나님 백성의 이야기다. 그들의 이야기에서 우리는 국가 규모로 나타나는 인간 상태에 대해 통찰을 얻는다. 하나님은 자신을 은혜롭고 자비로운 분으로 계시하시고, 자기 백성을 버리지 않으신다. 하나님은 그들이 반역할 때조차 그들을 찾으신다. 이때에 언약은 갱신된다. 그리고 느헤미야는 다시 수사로 돌아간다. 몇 년 후 그는 예루살렘으로 돌아오는데 언약이 지켜지지 않았다는 사실을 알고 슬퍼한다. 성전과 성벽은 재건되었지만, 죄는 여전히 하나님의 백성 안에 남아 있었다. 그들은 메시아가 오셔서 인간 마음을 완전히 회복하시기를 기다려야만 했다.

구약의 이 마지막 시기에 하나님은 말라기 선지자를 부르셔서 자신의 사자로 삼으신다. 예루살렘에서 다시 살아가기란 쉬운 일이 아니었다. 그리고 하나님을 향해 불평이 터져 나왔다. 하나님은 선지자를 통해 자기 백성과 논쟁하시고, 그분은 변하지 않았다는 사실을 알게 하신다. **그들** 자신이 문제다! 제사장들은 부패하고 하나님을 섬기지 않았다. 성전은 더럽혀졌고 하나님의 율법은 지켜지지 않았다. 여호와께서는 자신이 자기 백성에게 돌아갈 것이라고 선포하신다. 하지만 그들이 회개하지 않으면 심판하러 오실 것이다. 우리는 이스라엘 역사에서 하나님이 회개하지 않는 죄인들을 심판하신다는 사실을 보았다. 하지만 하나님은 최악의 죄인들조차 회개하면 용서하는 은혜를 베푸신다. 그들의 선조 때부터 하나님의 백성은 하나님의 법규에서 벗어났다. 말라기는 그들에게 여호와께 돌아오라고 외친다. 그들이 드리는 십일조와 제물이 그들이 진심으로 회개했는지를 보여 줄 것이다.

여기에서 구약은 마무리된다. 우리는 이제 하나님이 자기 백성을 회복하시고 옛 약속을 성취하실 것을 기다릴 것이다. 하나님이 돌아오신다는 징표로 엘리야와 같은 선지자가 갑작스럽게 등장할 것이다. 그는 이스라엘에게 야훼의 오심을 준비하며 회개하기를 촉구할 것이다. 우리는 약 400년간 그를 기다리

구약을 읽다
18주 바이블 워크북

게 될 것이다. 이스라엘이 애굽에서 구속받기를 400년 동안 기다린 것처럼 말이다. 하나님의 옛 약속은 천사가 어느 노부부에게 나타나 아들을 갖게 될 것이라고 알리면서 성취된다. 그는 엘리야의 영과 능력으로 여호와께서 돌아오실 길을 준비하는 선구자가 될 것이다. 우리는 바로 이 순간을 기다려 왔다. 그는 "주의 길을 준비하라"(마 3:3)고 광야에서 외치는 소리다. 그의 예언 메시지는 여호와의 돌아오심을 상징한다.

이제 구약 연구를 마무리하면서 우리 마음과 생각은 우리의 주님이자 왕이신 분의 말씀을 들을 준비가 되었다. "때가 찼고 하나님의 나라가 가까이 왔으니 회개하고 복음을 믿으라"(막 1:15).

📖 **성경 읽기** 📖

느헤미야 1장, 9장, 말라기 3-4장,
마태복음 3:1-12

---

1 느헤미야 1장을 읽으라. 느헤미야는 예루살렘 소식을 듣고 어떻게 했는가? 하나님은 이 회복의 시기에 어떻게 느헤미야를 지도자로 사용하셨는가?

2 느헤미야 9장을 읽으라. 재헌신을 다짐하는 이 기도는 하나님의 이야기에서 '무덤'(CASKET)에 해당하는 초반 부분을 어떻게 요약하는가? 이 기도에서 하나님의 성품 중 어떤 면이 부각되는가?(8, 17, 19, 27, 28, 31절)

● 창조 시대(Creation, 6절):

● 아브라함 시대(Abraham, 7, 8절):

● 시내 시대(Sinai, 9-31절):

3 말라기 3장 1-5절을 읽으라. 당신은 구약의 마지막 시기에 일어나고 있는, 회개가 필요한 이 죄들을 어떻게 평가하겠는가? 하나님이 나무라시는 개인의 부도덕과 사회 불의는 무엇인가?

4 말라기 3장 16, 17절을 읽으라. 하나님은 회개하는 자들에 대해서 어떤 다정한 표현을 사용하시는가?

5 말라기 3장과 4장을 읽으라. 이 두 장에서 하나님이 보내기로 약속하신 "사자/선구자/선지자 엘리야"를 간단하게 서술하라. 세례 요한은 어떠한 방식으로 말라기가 서술한 내용을 성취하는가?(마 3:1-12 참조)

구약을 읽다
18주 바이블 워크북

1 "빈 무덤"(CASKET EMPTY)을 통해 지금까지 당신이 이해하게 된 하나님의
구속 계획에 대한 한 가지 통찰은 무엇인가?

2 소금이 갈증을 유발하는 것처럼, 구약의 어떤 사람 또는 어떤 이야기가
당신에게 예수를 향한 갈증을 일으키는가?

3 우리는 누가복음 24장 25-27, 44-47절 말씀을 살펴보며 연구를 시작했
다. 구약 연구가 신약을 읽는 방법에 어떤 영향을 끼쳤는가?

🔍 **연대표와**
지도 살피기

○ 연대표에서 "성전 시대" 부분을 살펴보라.

○ 일곱 번째 지도 "바사 제국"을 살펴보라. 느헤미야가 성벽을 쌓
으러 예루살렘으로 향하기 전에 수사에서 아닥사스다를 섬겼
다는 사실에 주목하라.

⊕ 『**구약을 읽다**』**와**
함께 톺아보기

○ 9장 "성전 시대"의 마지막 부분(392-407쪽)을 읽으라.

하나님 이야기의 일원 되기

우리는 성경 연구를 통해 구원이 하나님의 아들이신 예수께 있다는 사실을 확인했다. 그분만이 우리의 마음을 바꾸시고 새 생명을 주실 수 있다. 하나님의 말씀은 우리 각자에게 개인적으로 임하며, 하나님은 예수 그리스도를 믿음으로 자신의 이야기에 일원이 되도록 우리를 초대하신다. 구원을 주시는 그리스도를 믿어 본 적이 없다면, 다음 기도문을 안내 삼아 그렇게 하기를 권한다.

전능하신 하나님, 저는 당신의 인격과 계획의 위대함을 보게 되었습니다. 당신 앞에 저의 죄악 됨을 고백하며 당신의 명예를 더럽히고 당신에게 순종하지 않은 모든 일을 겸손히 회개합니다. 이제 저는 예수 그리스도를 신뢰합니다. 당신이 나의 죄를 그분에게 두셨음을 믿습니다. 제가 받아야 하는 그 공의로운 진노를 십자가에 쏟으셨습니다. 그분의 의로움이 이제 제 것이 됩니다. 그리스도의 빈 무덤은 죽음의 패배입니다. 그분의 부활은 저의 희망입니다. 이제 저를 성령의 임재로 채우소서. 새로운 삶 가운데 걷는 법을 가르치소서. 세상에서 당신의 사명을 확장하기 위해 어떻게든 제 삶을 사용하여

주시옵소서. 저의 시선이 당신, 예수님, 약속된 메시아이자 오실 왕에게 고정
되게 하옵소서. 온 마음을 다해 지금, 그리고 영원히 당신을 예배하겠습니다.
예수님의 이름으로 기도합니다. 아멘.

당신이 이 기도문으로 기도했거나, 예수를 따르는 자가 된다는 것이 무엇인
지 더 알고 싶다면, 성경 공부 지도자나 지역 교회 목회자와 상담하기를 권한
다. 그리스도인의 삶은 혼자 가는 여정이 아니다. 하나님은 당신을 믿음의 가
족과 교제하게 하신다.

우리는 이 성경 연구를 통해 당신이 하나님과 당신의 관계에서 힘을 얻고,
당신을 향한 하나님의 사랑을 더 깊이 이해하기를 기도한다. 이것이 우리 삶을
빚어내고 특징짓는, 세상의 진짜 이야기다. 이것이 하나님의 구속 계획이다. 그
리고 그 중심에는 예수께서 계시다.

캐롤 카민스키, 존 모서

인도자를 위한 지침

당신이 이 "빈 무덤"(CASKET EMPTY) 성경 연구에 착수했다니 참 기쁘다. 구약을 지나는 여정 가운데 하나님의 백성을 인도하는 일은 특권이자 큰 복이다. 그렇게 하여 우리는 다 같이 하나님을 향한 사랑과 더불어 성경에 계시된 구속 계획을 아는 지식이 더 깊어질 것이다. 이 바이블 워크북은 구약 전체를 포괄하기에, 훈련받은 목회자라도 이런 식으로 성경 공부를 인도하는 데 조금은 부담을 느낄 수 있다. 그러니 평신도 인도자는 더욱 그러할 것이다. 부담감 없이 구약을 가르치려면 오랜 세월 연구해야 한다. 하지만 당신이 반드시 전문가가 되어야 하는 것은 아니다. 또한 다른 이들 역시 당신에게 모든 해답이 있으리라 기대하지 않는다. 당신은 다른 이들과 **함께하는** 여정에 착수했고, 하나님의 말씀을 **같이** 연구해 나갈 것이다. 다만 매주 진행하는 공부에 앞서 효율적인 소그룹 인도자가 되기 위해 미리 준비할 수 있는 실용적인 방안이 있다.

시작하기

이 성경 연구는 매주 진행하는 소그룹 공부 또는 성경 강의용으로 고안되었다. 시작할 때 이 바이블 워크북과 「구약을 읽다」 연대표, 지도 등을 주문할 수 있도록 몇 주간 여유를 주는 것이 중요하다. 교회를 오래 다닌 분들이라도 구약에 부담을 느낄 수도 있다는 사실을 기억하라. 미리 교재를 가지고 있으면 "빈 무덤"(CASKET EMPTY)이라는 두문자어를 친숙하게 느끼고 그 의미를 파악할 수 있다. 빈 무덤 유튜브 채널에 있는 영상들도 구약에 익숙하지 않은 분들에게 유용하다. 이렇게 준비 기간을 몇 주 두면 아직 소그룹에 참석하지 않은 분들을 초대하는 기회로도 삼을 수 있다.

　　빈 무덤 웹사이트(casketempty.com)에는 무료로 내려받을 수 있는 성경 공부 초대 카드가 있다. 당신이 속한 교회 정보와 날짜만 입력하고 프린터로 출력하라. 당신이 설교도 함께 하면서 좀 더 대대적으로 성경 공부를 인도할 생각이라면 홍보를 위해 빈 무덤 배너(수직형)를 세우는 것도 고려할 수 있다. 홍보 배너용 도안(영문판)도 빈 무덤 웹사이트에서 무료로 내려받을 수 있다. 개인적으로 성경 공부에 초대하거나 교회 홈페이지에서 쓸 수 있도록 홍보에 필요한 파일들도 있다. 지역 교회 상황에서 "빈 무덤"을 가르치는 교수법을 다룬 영상을 통해 이 여정을 어떻게 준비할지를 존 모서(John Moser) 목사에게 직접 들을 수 있다(빈 무덤 유튜브 채널에 있다). 마지막으로 이 공부를 더 큰 모임에서 하려고 한다면 대형 연대표 배너(영문판)를 구매하는 것도 고려할 수 있다. 그래서 공부를 진행할 공간에 전시할 수 있다. 홍보 용품과 대형 배너에 관한 정보는 빈 무덤 웹사이트(casketempty.com)에서 얻을 수 있다.

매주 준비

매주 참가자들은 구약 몇 장을 읽고 그 내용과 적용에 관련된 질문에 답을 하게 된다. 당신은 매주 성경 읽기와 토론 질문을 위해 시간을 할애해야 한다. 시간을 내어 기도하는 마음으로 성경을 읽으라. 그 내용을 더 잘 알기 위해 추가로 성경을 읽어야 한다고 느낀다면, 그러한 수고의 가치는 충분할 것이다. 하나님에게 말씀을 깨닫도록 통찰력을 달라고 구하고, 적용 질문을 지침 삼아 말씀을 어떻게 삶에 적용할지 기도하는 마음으로 생각하라.

읽기를 마치고 질문에 답하는 것 외에 성경 공부를 준비하는 최고의 방법은 「구약을 읽다」를 읽는 것이다. 매주 성경 공부 마지막(「구약을 읽다」와 함께 톺아보기)에 해당 내용에 상응하는 「구약을 읽다」 쪽수가 나온다. 「구약을 읽다」에서 해당 부분을 미리 읽으면 구약을 깊이 이해할 수 있고 인도자로서 자신감도 생길 것이다. 「구약을 읽다」는 반드시 당신이 최우선으로 '찾아가는' 자료가 되어야 한다. 성경 공부의 인도자용 지침서 기능을 하기 때문이다. 도움을 얻을 수 있는 다른 자료로는 (ESV나 NIV와 같은) 스터디 바이블이 있다. 이러한 성경은 특정 구절에 더 깊은 통찰을 제공하기 때문에 소그룹에서 제기할 질문들에 준비할 수 있다.

마지막으로 성경 공부를 준비할 때, 매주 한 걸음 물러나 성경 구절을 구약의 더 큰 줄거리 안에 배치해 보는 일이 필수다. 이렇게 하는 가장 좋은 방법은 눈앞에 항상 구약 연대표를 두는 것이다. 언제나 어디서나 구속사의 줄거리를 살펴보고 당신이 지금까지 무엇을 공부했는지, 또한 어디로 가고 있는지를 분명히 파악하라. 인도자로서 사람들이 구약 성경을 지나는 여정 가운데 성경 줄거리의 '큰 그림'을 보면서 길에서 낙오되지 않도록 돕는 일은 필수다. 사람들은 매주 격려가 필요하다. 이 구약 성경 공부는 6주 내지 8주로 이루어진 대부분의 성경 공부보다 길기 때문이다. 성경 공부 인도자로서 당신이 해야 할 일은 사람들이 어디를 향해 가고 있는지 볼 수 있도록 돕고, 사람들이 난처해

구약을 읽다
18주 바이블 워크북

하거나 그 모든 세부 내용 중에 길을 잃지 않도록 지키는 것이다. 교회 전반에 걸친 커리큘럼의 일부로 성경 공부를 진행하고 그에 맞게 연속 설교를 진행한다면, 매주 설교는 당신이 모임에서 공부한 내용을 강화하고 소그룹을 교회 생활에 통합시키도록 도울 것이다.

일정

이 구약 바이블 워크북은 18주 과정으로 고안되었다. 함께 나온 신약 바이블 워크북과 함께 활용하면 성경 전체를 32주 내용으로 다루게 된다. 구약이 18주이기 때문에 중간에 한 주나 두 주 휴식을 두고(강림절 기간에는 더 긴 휴식도 가능하다), 세 번의 6주 과정으로 나눌 수도 있다. 이렇게 하면 오랜 시간에 걸쳐 내용을 소화할 수 있다. 아니면 연속으로 진행할 수도 있는데, 아마도 가을에 시작하여(강림절에 휴식을 두고) 새해로 이어지는 방식이다. 그리고 이상적으로 매주 80-90분을 확보해야 한다. 주일 아침 예배 전후로 공부를 진행한다면(그리고 한 시간만 허락된다면), 어떤 질문을 모임에서 나눌지 결정해야 한다. 그리고 시간 관리에 특히 주의해야 한다.

성경 공부 인도

이 바이블 워크북을 인도하는 방법은 다양하다. 어떤 형식이 가장 적절할지는 교회 상황에 달려 있다. 이 워크북을 소그룹에서 진행한다면 8-10명 정도가 교회나 집에서 모이는 편이 적절하다.

사람이 다 모이면 환영을 하는데, 첫 10-15분 동안 택할 선택지가 여럿 있다. 한 가지 방법은 지난 한 주 동안 배운 내용에 관해 피드백을 달라거나 의미 있게 다가온 내용을 나눠 달라고 요청하는 것이다. 도입 질문 형식은 상당히 자유롭다. 목적은 당신이 워크북에 있는 질문을 본격적으로 시작하기에 앞서 소통하는 데 있다. 이러한 접근법은 사람들이 어떤 필요를 느끼는지 빠르게 파악할 수 있다는 장점이 있다. 따라서 결과적으로 당신은 그 필요에 토론을 맞출 수 있다. 두 번째는 수업을 시작하며 몇 가지를 설명하면서 더 적극적으로 가르치는 역할을 감당하는 방식이다. 이러한 접근법은 내용을 복습하고 수업이 어디로 가고 있는지를 상기시킬 수 있다는 장점이 있다. 당신이 편안함을 느끼는 정도에 따라, 모임에 참여하기 전에도 질문할 기회를 만들 수 있다. 교회에서 대형 구약 배너를 만들어 홍보하고 있다면, 그 배너에 당신이 수업을 시작하며 설명할 내용을 소개할 수 있다. 이렇게 하면 사람들은 시각적으로 구약 성경을 미리 살필 수 있고, 당신은 이번 주 공부 내용에서 다룰 핵심적인 부분을 연대표에서 미리 짚을 수 있다. 이러한 접근법의 이점은 강력한 시각적 요소를 제공한다는 점인데, 빈 무덤 커리큘럼의 핵심이라고 볼 수 있다. 당신이 좀 더 큰 성경 수업에서 이 교재를 사용하고 있다면, 이러한 형식이 특히 효과가 좋다.

도입을 마쳤다면, 큰 그룹을 더 작은 토론 그룹으로 나눌 수 있다. 그렇게 해서 각각 인도자를 세우는 것이다. 모든 질문을 다룰 시간이 안 된다면 매주 성경 공부 시간에 어떤 질문을 다룰지 결정해야 한다. 적용 질문 시간은 확실히 남겨 두라. 이렇게 해야 하나님의 말씀을 자신의 삶에 어떻게 적용하는지 나눌 기회를 제공할 수 있다.

마지막으로 기도로 매주 공부를 마무리하는 것이 중요하다. 이렇게 해야 연대감이 생기고 서로를 돌보고 주님 앞에 걱정을 내려놓으면서 공동체가 강화된다. 믿음으로 성경 공부 인도자로 서기로 했다면, 주님이 자신의 말씀을 가르칠 수 있도록 당신을 준비시키실 것이고, 당신은 자신감 있게 그 일을 할 수 있을 것이다. 하나님의 말씀은 그 기뻐하시는 뜻을 이루지 않고는 헛되이 되돌아오는 법이 없다(사 55:11).

구약을 읽다
18주 바이블 워크북

초판 발행   2022년 7월 30일
지은이   캐롤 카민스키 · 존 모서
옮긴이   이대은
발행인   손창남
발행처   죠이선교회(등록 1980. 3. 8. 제5-75호)
주소   02576 서울시 동대문구 왕산로19바길 33
전화   (02) 925-0451 (출판부)
            (02) 929-3655 (영업팀)
팩스   (02) 923-3016
인쇄소   송현문화
판권소유   ⓒ죠이선교회
ISBN   978-89-421-0490-1 03230